Das neue Bürgergeld

Vorwort

Sehr geehrte Leserin, sehr geehrter Leser,

nun gibt es das lange politisch umstrittene Bürgergeld.

Wenn Sie diese Broschüre lesen, werden Sie bald feststellen, dass das Bürgergeld so etwas Neues nicht ist, sondern eine Weiterentwicklung des Arbeitslosengeldes 2, der Grundsicherung für Arbeitsuchende.

Ob es wirklich ein deutlicher Schritt zu mehr Bürgernähe geworden ist, muss sich noch zeigen. Die Eingliederungsvereinbarung wurde durch den Kooperationsplan ersetzt. Er soll die arbeitsuchenden Bürgerinnen und Bürger mit dem Jobcenter auf Augenhöhe bringen bei der gemeinsamen Überlegung, wie ein Zugang zur Erwerbstätigkeit oder höherem Einkommen gelingen kann.

Am Ende bleibt es aber doch bei der Möglichkeit des Jobcenters, Sanktionen zu verhängen. Nach dem vom Bundesverfassungsgericht ausgelösten Sanktionsmoratorium hatten wir mehr Vertrauen in die Bürgerinnen und Bürger erwartet. Während das Nichterscheinen im Jobcenter zu einer Kürzung des Regelbedarfs führt, ist dieses für die Bürgerinnen und Bürger oft tagelang nicht erreichbar.

Die digitale Erreichbarkeit der Jobcenter wurde zweifellos während der Corona-Pandemie verbessert. Oft braucht es aber das persönliche Gespräch, um eine aktuelle Notsituation zu klären.

Das große Problem der Sanktionen bleibt, dass sie zu einer Kürzung des Existenzminimums führen. Dies ist vor allem deshalb so schlimm, weil das Existenzminimum vom Gesetzgeber ohnehin schon zu knapp bemessen ist. Die Regelbedarfe wurden zwar spürbar angehoben. Sie waren aber vorher schon deutlich zu niedrig. Die Anhebung hält auch mit den massiven Preissteigerungen vor allem bei Strom und Lebensmitteln nicht mit.

Auf der Habenseite des Bürgergeldes sind Erleichterungen im Verwaltungsverfahren, Karenzzeiten bei den Wohnkosten und beim Vermögenseinsatz sowie erweiterte Freibeträge bei der Einkommensanrechnung zu verbuchen.

Besonders erfreulich ist, dass die Hilfen für Menschen in Langzeitarbeitslosigkeit weiterentwickelt wurden. Die Förderung des sozialen Arbeitsmarktes war 2019 nur für die Zeit bis Ende 2024 eingeführt worden. Diese Befristung ist nun entfallen. Es bleibt zu hoffen, dass genügend Finanzmittel bereitgestellt werden, um damit viele Menschen wieder in das Arbeitsleben zu bringen und ihnen damit wieder gesellschaftliche Teilhabe zu ermöglichen.

Die Grundsicherung für Arbeitsuchende würde einen weiteren deutlichen Schritt nach vorn machen, wenn die längst überfällige Kindergrundsicherung endlich käme. Dann könnten sich die Jobcenter noch besser auf ihre Kernaufgabe konzentrieren, nämlich erwerbsfähigen Menschen zu helfen – finanziell und auf dem Arbeitsmarkt.

Prof. Dr. Rolf Rosenbrock
Vorsitzender des
Paritätischen
Gesamtverband

Inhaltsverzeichnis

1 Das neue Bürgergeld

Bürgergeld ist der neue Name für das Arbeitslosengeld 2. Manche sagen auch Hartz IV. Der neue Name soll ein neues Verständnis der Leistung symbolisieren. Er soll dazu beitragen, das Verhältnis der hilfesuchenden Bürgerinnen und Bürger zu den Behörden zu verbessern. Er soll verdeutlichen, dass es bei der Inanspruchnahme von Leistungen um die Verwirklichung von Bürgerrechten geht. Man wird abwarten müssen, ob eine Veränderung der Einstellungen eintritt oder ob der neue Name eher Symbolik bleibt.

Die zum 1. Januar und 1. Juli 2023 in Kraft getretenen letzten Neuregelungen haben bei aller positiven Entwicklung doch auch viele Menschen enttäuscht, insbesondere weil die Erhöhung der Regelbedarfe hinter den Erwartungen zurück geblieben ist.

Aufgabe des Bürgergeldes ist es, den **notwendigen Lebensunterhalt** erwerbsfähiger Menschen und der mit ihnen in Bedarfsgemeinschaft lebenden Personen zu sichern, die nicht über eigenes Einkommen verfügen.

Bürgergeld erhalten aber **auch Menschen mit Einkommen,** wenn dieses Einkommen nicht ausreicht, den notwendigen Lebensunterhalt zu sichern. Sie erhalten dann ergänzende oder auch aufstockende Leistungen. Man nennt sie deshalb **Aufstocker*innen.** Da in diesen Fällen nicht das gesamte eigene Einkommen auf das Bürgergeld angerechnet wird, haben Aufstocker*innen immer mehr Geld zur Verfügung als Menschen, die nur Bürgergeld erhalten. Anders als manche Politiker*innen behaupten, lohnt es sich also durchaus zu arbeiten. Abgesehen davon, dass Berufstätigkeit auch weitere Vorteile hat wie den Erwerb von Rentenansprüchen und den Kontakt mit anderen Menschen in der Arbeitswelt.

Das Gesetz enthält übrigens auch ausdrücklich den **Grundsatz des Forderns.** Es müssen alle Möglichkeiten genutzt werden, den Lebensunterhalt aus eigenen Kräften und vor allem durch Einsatz der Arbeitskraft zu bestreiten.

Bürgergeld muss beantragt werden. Es müssen bestimmte Unterlagen über Einkommen und Vermögen sowie Mietkosten und gegebenenfalls noch weitere Belege vorgelegt werden. Zuständig für die Prüfung von Ansprüchen und die Bewilligung sind die **Jobcenter.**

Geregelt ist das Bürgergeld im Sozialgesetzbuch 2 (SGB 2). Es heißt Bürgergeld, Grundsicherung für Arbeitsuchende.

Um nun im Einzelfall schauen zu können, ob und gegebenenfalls wieviel Bürgergeld jemand erhalten kann, müssen **viele Einzelfragen** geklärt werden. Die wichtigsten Fragen sind nachfolgend aufgelistet. Die Antworten und weitere Hinweise finden Sie auf den weiteren Seiten dieser Broschüre.

Welche Personen gelten als erwerbsfähig und können deshalb überhaupt leistungsberechtigt sein?

Wird das Bürgergeld auch ins Ausland gezahlt? Was ist mit Urlaub oder einem längeren Krankenhausaufenthalt?

Wie wirkt sich das Zusammenleben mit anderen Personen im gemeinsamen Haushalt aus? Was ist eine Bedarfsgemeinschaft – was eine Haushaltsgemeinschaft?

Wie berechnet sich das Bürgergeld? Was ist der Regelbedarf und was ein Mehrbedarf? Welche Mietkosten werden anerkannt? Was ist mit Mietschulden? Gibt es noch weitere Leistungen – zum Beispiel für den Schulbesuch?

Was hat es mit der neuen Karenzzeit auf sich?

Was ist mit der Kranken-, Pflege- und Rentenversicherung? Bezahlt das Jobcenter die Hausrat- und Haftpflichtversicherung?

Welches Einkommen wird angerechnet? Welche Freibeträge gibt es? Wie wirkt sich die Erhöhung der Freibeträge auf Erwerbseinkommen aus?

Wird das gesamte Vermögen angerechnet? Gibt es Freigrenzen? Wie wirkt sich die neue Karenzzeit aus?

Bei welchen Pflichtverletzungen kann es zu Leistungskürzungen kommen?

Wie und wo muss ein Antrag gestellt werden? Muss ich die Entscheidung über meinen Antrag hinnehmen? Wo gibt es Hilfe und Beratung?

Wann muss Bürgergeld zurückgezahlt werden?

Welche weitere Unterstützung gibt oder vermittelt das Jobcenter, damit ich wieder Arbeit oder eine besser bezahlte Arbeit finde? Hilft das Jobcenter auch bei anderen Problemen wie zum Beispiel Schulden oder eine Suchterkrankung? Wie verläuft die Zusammenarbeit mit dem Jobcenter? Was ist ein Kooperationsplan?

Alle diese Fragen werden in den nachfolgenden Kapiteln behandelt. Die Darstellung bemüht sich um Verständlichkeit und ist mit vielen Beispielen angereichert. Manchmal wird es notwendig sein, eine Beratungsstelle in Anspruch zu nehmen. Hierauf wird dann besonders hingewiesen. Die wichtigsten Rechtsvorschriften werden jeweils am Beginn eines Kapitels oder Abschnitts genannt.

2 Für wen ist das Bürgergeld bestimmt?

Rechtsgrundlage: §§7 – 9, 27 SGB 2

Bürgergeld erhalten **erwerbsfähige Leistungsberechtigte.** Das heißt, sie müssen

- mindestens 15 Jahre alt sein, dürfen aber das gesetzliche Rentenalter noch nicht erreicht haben
- erwerbsfähig sein
- hilfebedürftig sein, dürfen also nicht zu viel eigenes Geld haben
- ihren gewöhnlichen Aufenthalt (Lebensmittelpunkt) in Deutschland haben
- tatsächlich dem deutschen Arbeitsmarkt zur Verfügung stehen.

Bürgergeld erhalten auch die mit erwerbsfähigen Leistungsberechtigten in **Bedarfsgemeinschaft** lebenden Personen. Das sind vor allem nicht erwerbsfähige Partner*innen und Kinder im Alter von bis zu 14 Jahren.

Für **Ausländer*innen** gibt es Einschränkungen, die von ihrem Aufenthaltsstatus abhängen. Auch für **Studierende** und andere **Auszubildende** gibt es **Einschränkungen.**

Altersrentner*innen bekommen kein Bürgergeld, auch wenn sie eine vorzeitige Rente mit zum Beispiel 63 Jahren in Anspruch genommen haben. Wenn sie eine finanzielle Unterstützung benötigen, können sie neben Wohngeld Hilfe zum Lebensunterhalt beim Sozialamt beantragen.

1. Altersgrenzen

Das Bürgergeld ist für Menschen gedacht, die arbeiten oder arbeiten könnten, aber nichts oder zu wenig verdienen. Deshalb bekommen nur Personen Bürgergeld, die mindestens 15 Jahre alt sind.

Jüngere Kinder können aber als Teil einer Bedarfsgemeinschaft Bürgergeld erhalten.

Wer bereits eine Altersrente bezieht, erhält kein Bürgergeld. Bürgergeld erhält auch nicht, wer das gesetzliche Rentenalter erreicht hat. Dieses steigt schrittweise auf 67 Jahre. Für 1958 Geborene beträgt das gesetzliche Rentenalter 66 Jahre. Das heißt, dass eine am 14. Aug. 1958 geborene Person am 1. Sept. 2024 das gesetzliche Rentenalter erreicht. Bürgergeld kann sie also nur bis zum 31. Aug. 2024 bekommen.

⚠ ACHTUNG

Da jeder alle Einkommensmöglichkeiten nutzen muss, um den Bezug von Bürgergeld zu vermeiden, kann es grundsätzlich sein, dass auch eine vorzeitige Altersrente beantragt werden muss. Diese sogenannte Zwangsverrentung gilt aber bis 31. Dez. 2026 nicht. Sie müssen bis dahin also keine vorzeitige Altersrente in Anspruch nehmen.

2. Erwerbsfähigkeit

Erwerbsfähig ist, wer sofort oder in absehbarer Zeit auf dem allgemeinen Arbeitsmarkt **mindestens drei Stunden täglich arbeiten** kann.

Dies ist vor allem eine **gesundheitliche Frage,** die von Sachverständigen des Jobcenters oder der Rentenversicherung beantwortet wird. Beschäftigte in einer Werkstatt für Menschen mit Behinderung gelten auch dann als erwerbsunfähig, wenn sie dort mehr als drei Stunden täglich arbeiten, weil diese Werkstätten nicht als allgemeiner Arbeitsmarkt gelten.

Wer wegen Krankheit nicht arbeiten kann, ist erst einmal nur arbeitsunfähig. Erwerbsunfähigkeit bedeutet, dass sich der Zustand kaum noch verbessern wird, jedenfalls nicht in absehbarer Zeit.

Erwerbsfähigkeit ist aber auch eine **rechtliche Frage.** Wer als Ausländer in Deutschland **keine Arbeitserlaubnis** hat und auch keine bekommen kann, ist auch **nicht erwerbsfähig.** Er darf nämlich keiner Erwerbstätigkeit nachgehen.

Grundsätzlich einer Erwerbstätigkeit nachgehen dürfen Bürger*innen der Europäischen Union, aus Norwegen, Liechtenstein, Island und der Schweiz. Auch Bürger*innen aus anderen Staaten können eine Arbeitserlaubnis erhalten.

 TIPP

Die Voraussetzungen sind aber sehr unterschiedlich und ändern sich auch häufig. Deshalb sollte eine Beratungsstelle genutzt werden, die Kenntnis und Erfahrung im Ausländerrecht hat. Geeignete Beratungsstellen in Ihrer Nähe finden Sie auf der Homepage des Bundesamtes für Migration und Flüchtlinge: www.bamf.de.

Bei Ausländer*innen ist aber zu beachten, dass sie vom Bürgergeld aus anderen Gründen ausgeschlossen sein können, auch wenn sie im Rechtssinne erwerbsfähig sind. Dazu erfahren Sie mehr unter Abschnitt 6 – Besonderheiten für Ausländer*innen, Asylsuchende.

3. Hilfebedürftigkeit

Bürgergeld erhält nur, wer es auch braucht, weil er **nicht genug Geld** hat, seinen notwendigen Lebensunterhalt zu finanzieren. Es muss also geprüft werden, wie hoch der notwendige Lebensunterhalt überhaupt ist. Dabei spielt die Höhe der Miete eine große Rolle.

Sodann muss geprüft werden, welches **Einkommen und Vermögen** vorhanden ist. Dabei müssen Absetz- und Freibeträge berücksichtigt werden, die nicht für den aktuellen Lebensunterhalt eingesetzt werden müssen.

Schließlich kommt es dabei nicht nur auf die einzelne Person an, sondern auch auf die weiteren Personen, die in der **Bedarfsgemeinschaft** leben.

4. Gewöhnlicher Aufenthalt in Deutschland

Bürgergeld erhält nur, wer seinen gewöhnlichen Aufenthalt in Deutschland hat, also hier seinen **Lebensmittelpunkt** hat. Das gilt nicht nur für Ausländer*innen sondern auch für Deutsche.

Der Lebensmittelpunkt bleibt auch bei Abwesenheit wegen einer Auslandsreise in Deutschland erhalten, es sei denn, jemand wandert aus und gibt seinen hiesigen Wohnsitz auf. Ein **längerer Auslandsaufenthalt** wird aber dazu führen, dass Sie für das Jobcenter nicht erreichbar sind und deshalb **kein Bürgergeld** erhalten.

5. dem deutschen Arbeitsmarkt zur Verfügung stehen

Wer Bürgergeld erhält, muss jede zumutbare Arbeit annehmen, um nicht mehr ganz oder teilweise auf diese Unterstützung angewiesen zu sein. Deshalb muss er dem deutschen Arbeitsmarkt zur Verfügung stehen und für das Jobcenter und für zum Beispiel ein Vorstellungsgespräch **schnell erreichbar und verfügbar** sein. Mitteilungen und Aufforderungen des Jobcenters müssen jeden Werktag entgegen genommen werden können.

Wer nicht erreichbar sein kann oder will, muss das **Jobcenter** informieren und dessen **Zustimmung** einholen. Das gilt für ärztlich verordnete Leistungen der medizinischen Vorsorge oder Rehabilitation, Teilnahme an kirchlichen oder gewerkschaftlichen Veranstaltungen, Aus- und Fortbildungsveranstaltungen, ehrenamtliche Aktivitäten oder auch einen Urlaub von in der Regel längstens drei Wochen im Kalenderjahr.

Bürgergeld erhält auch nicht, wer in einer **stationären Wohn- oder Behandlungseinrichtung** untergebracht ist oder in einer Einrichtung zum Vollzug richterlich angeordneter **Freiheitsentziehung.** Hiervon gibt es wiederum Ausnahmen: Ein Krankenhausaufenthalt von voraussichtlich weniger als sechs Monaten führt nicht zum Verlust des Bürgergeldes. Auch wenn jemand in einer stationären Wohn- und Betreuungseinrichtung oder einer Justizvollzugsanstalt lebt und dennoch mindestens 15 Stunden wöchentlich auf dem allgemeinen Arbeitsmarkt („draußen") erwerbstätig ist, hat einen Anspruch auf Bürgergeld.

TIPP

Wer wegen Aufenthalts in einer Wohn- oder Behandlungseinrichtung kein Bürgergeld bekommt, sollte sich wegen Leistungen nach dem SGB 12 an das Sozialamt wenden.

6. Besonderheiten für Ausländer*innen, Asylsuchende

Ausländische Bürgerinnen und Bürger sind nur dann leistungsberechtigt, wenn sie eine Arbeitserlaubnis in Deutschland haben oder bekommen können (siehe oben 2).

Auch wenn sie diese Voraussetzung erfüllen, kann es sein, dass sie aus anderen Gründen kein Bürgergeld bekommen können. **Kein Bürgergeld** bekommen

- Leistungsberechtigte nach dem Asylbewerberleistungsgesetz. Ihr notwendiger Lebensunterhalt soll durch dieses Gesetz gesichert werden.
- Erwerbslose Ausländer*innen und ihre Familienangehörigen während der ersten drei Monate ihres Aufenthalts in Deutschland. Das Bürgergeld soll keine allgemeine Existenzsicherung für zuwandernde Personen sein.
- Ausländer*innen ohne Aufenthaltsrecht. Das Bürgergeld soll nicht den illegalen Aufenthalt finanzieren.
- Ausländer*innen, deren Aufenthaltsrecht sich allein aus dem Zweck der Arbeitssuche in Deutschland ergibt. Das betrifft insbesondere Personen aus anderen EU-Staaten. Das Bürgergeld soll nicht deren Arbeitssuche finanzieren.

Von diesen Einschränkungen gibt es wiederum **zahlreiche Ausnahmen,** insbesondere für Personen,

- die einer nicht unwesentlichen abhängigen oder selbständigen Berufstätigkeit nachgehen,
- deren Aufenthalt aus humanitären oder völkerrechtlichen Gründen anerkannt ist – zum Beispiel Menschen aus der Ukraine,
- die bereits seit fünf Jahren ihren Lebensmittelpunkt in Deutschland haben.

Die Ausnahmen gelten in der Regel auch für die Familienangehörigen.

Eine gute Übersicht über verschiedene Fallkonstellationen finden Sie in den Fachlichen Weisungen der Arbeitsverwaltung. Sie finden Sie im Internet, wenn Sie in eine Suchmaschine eingeben: „Fachliche Weisungen §7 SGB 2".

Ob Ausländer*innen Bürgergeld erhalten können, ist von teilweise komplizierten und im Einzelnen auch strittigen Fragen abhängig, deren Antworten sich nicht in erster Linie im SGB 2 finden, sondern im Ausländerrecht und im Aufenthaltsrecht.

 **TIPP**

Deshalb sollte eine Beratungsstelle genutzt werden, die Kenntnis und Erfahrung im Ausländerrecht hat. Geeignete Beratungsstellen in Ihrer Nähe finden Sie auf der Homepage des Bundesamtes für Migration und Flüchtlinge: www.bamf.de.

7. Auszubildende und Studierende

Auszubildende in einer sogenannten dualen Ausbildung haben bei finanzieller Bedürftigkeit einen Anspruch auf Bürgergeld. Eine duale Ausbildung ist die Ausbildung, die in einem Ausbildungsbetrieb und in der Berufsschule stattfindet. Auch wenn eine außer- oder überbetriebliche Ausbildungsstätte besucht wird, handelt es sich um eine duale Ausbildung.

Bürgergeld erhalten jedoch nicht Auszubildende, die

- während einer berufsvorbereitenden Bildungsmaßnahme in einem Internat oder Wohnheim mit Vollverpflegung untergebracht sind,
- während einer beruflichen Ausbildung (duale Ausbildung) im Internat oder Wohnheim mit Vollverpflegung untergebracht sind,
- behindert sind und während einer beruflichen Ausbildung mit Unterbringung im Internat, Wohnheim oder einer besonderen Einrichtung für Menschen mit Behinderung bei Kostenübernahme durch die Arbeitsverwaltung untergebracht sind.

Diese Auszubildenden können Förderung von der Arbeitsagentur erhalten.

Das Bürgergeld dient nicht der Ausbildungsförderung. Deshalb erhalten **Studierende und Schüler*innen,** deren Ausbildung dem Grunde nach nach dem Bundesausbildungsförderungsgesetz (BAFöG) förderungsfähig ist, kein Bürgergeld. Hier gibt es aber einige Ausnahmen und Besonderheiten.

Das Überschreiten der **Förderhöchstdauer** nach BAFöG führt zur Beendigung der BAFöG-Zahlung. Da es sich aber weiter um ein dem Grunde nach förderfähiges Studium handelt, gibt es auch dann kein Bürgergeld.

Während eines **Urlaubssemesters** oder einer mehr als dreimonatigen Unterbrechung des Studiums besteht Anspruch auf Bürgergeld, wenn in dieser Zeit die Arbeitskraft tatsächlich nicht für das Studium genutzt wird, sondern für den Arbeitsmarkt zur Verfügung steht. Jedoch während einer **Erkrankung** besteht weiterhin eine Bindung an die Hochschule, sodass Bürgergeld nicht in Betracht kommt. Mit der **Exmatrikulation** endet die Förderfähigkeit des Studiums nach BAFöG. Es kann also Bürgergeld beansprucht werden. Dies gilt wiederum nicht, wenn noch wesentliche Prüfungsleistungen zu erbringen sind. Das hängt von der jeweiligen Studien- und Prüfungsordnung ab.

TIPP
In all diesen Fällen sollte vor Entscheidungen über den persönlichen Status eine Auskunft des Jobcenters eingeholt werden.

In bestimmten Situationen beziehungsweise bei bestimmten Bedarfslagen besteht **trotz BAFöG-fähiger Ausbildung ein (teilweiser) Anspruch auf Bürgergeld:**

- Schüler*innen weiterführender allgemeinbildender Schulen und Berufsfachschulen, einschließlich der Klassen aller Formen der beruflichen Grundbildung, ab Klasse 10 sowie von Fach- und Fachoberschulklassen, deren Besuch eine abgeschlossene Berufsausbildung nicht voraussetzt, wenn sie bei ihren Eltern leben.
- Schüler*innen an Berufsfachschulen und Berufsaufbauschulen, Abendhauptschulen, Abendrealschulen, Abendgymnasien und Kollegs, in Fachschulklassen, deren Besuch eine abgeschlossene Berufsausbildung nicht voraussetzt, in Fachschulklassen und Fachoberschulklassen, deren Besuch eine abgeschlossene Berufsausbildung voraussetzt,
- Studierende an Höheren Fachschulen, Akademien und Hochschulen, die bei den Eltern wohnen,
- Auszubildende als Teilnehmer*innen an Vorkursen, die nach der Verordnung über die Ausbildungsförderung für die Teilnahme an Vorkursen zur Vorbereitung des Besuchs von Kollegs und Hochschulen (VorkurseV) gefördert werden.

Die vorgenannten Personen erhalten nur dann Bürgergeld, wenn sie BAFöG-Leistungen tatsächlich erhalten oder nur wegen der Berücksichtigung von Einkommen und Vermögen bei der BAFöG-Berechnung nicht erhalten. Außerdem erhalten sie Bürgergeld, solange über den BAFöG-Antrag noch nicht entschieden ist.

⚠ ACHTUNG
Ist aber die Förderhöchstdauer nach BAFöG bereits abgelaufen, erhalten auch diese Personen kein Bürgergeld.

Schließlich können **Schüler*innen einer Abendhauptschule, einer Abendrealschule oder eines Abendgymnasiums** Bürgergeld erhalten. Das gilt generell in den ersten noch nicht BAFöG-fähigen Abschnitten und in den BAFöG-fähigen Ausbildungsabschnitten dann, wenn BAFöG tatsächlich gezahlt wird. Bürgergeld wird generell auch dann gezahlt, wenn das BAFöG-Höchstalter von 45 Jahren (früher 30) bei Beginn der Ausbildung überschritten wird. Das Bürgergeld soll die Nachqualifizierung durch (höherwertige) Schulabschlüsse unterstützen.

TIPP
Eine gute Übersicht über verschiedene Fallkonstellationen finden Sie in den Fachlichen Weisungen der Arbeitsverwaltung. Sie finden sie im Internet, wenn Sie in eine Suchmaschine eingeben: „Fachliche Weisungen §7 SGB 2".

Bestimmte Leistungen können **alle Auszubildenden und Studierenden** erhalten. Es handelt sich dabei um die Deckung von Bedarfen, die nicht vorrangig durch die Ausbildung hervorgerufen sind:

- Mehrbedarf für werdende Mütter nach der zwölften Schwangerschaftswoche,
- Mehrbedarf für Alleinerziehende,

- Mehrbedarf für gesundheitsbedingte kostenaufwändige Ernährung,
- Besonderer Mehrbedarf
- Erstausstattung für Bekleidung

Die in Betracht kommenden Bedarfe sind in Kapitel 3 Abschnitt 2 näher beschrieben.

Die **übrigen Leistungen** können **in besonderen Härtefällen als Darlehen** erbracht werden. Eine gute Übersicht über denkbare Härtefälle finden Sie in den Fachlichen Weisungen der Arbeitsverwaltung. Sie finden Sie im Internet, wenn Sie in eine Suchmaschine eingeben: „Fachliche Weisungen § 27 SGB 2".

8. Bedarfsgemeinschaft

Die Bedarfsgemeinschaft ist für das Bürgergeld ein wichtiges Instrument. Sie hat zwei Bedeutungen. Zum einen ordnet sie der erwerbsfähigen hilfebedürftigen Person weitere Personen (vor allem Kinder) zu und erfasst auch deren Hilfebedarf und spricht ihnen Rechte zu, auch wenn sie selbst noch nicht erwerbsfähig sind. Sozusagen als Kehrseite dieses Effekts wird bei der Prüfung der Hilfebedürftigkeit auch das Einkommen und Vermögen dieser weiteren Personen in der Bedarfsgemeinschaft mit einbezogen. Was das konkret bedeutet, wird in Kapitel 4 hinsichtlich des Einkommens und in Kapitel 5 hinsichtlich des Vermögens dargestellt.

An dieser Stelle wird nur gezeigt, welche weiteren Personen als Teil einer Bedarfsgemeinschaft Bürgergeld erhalten können.

Zur Bedarfsgemeinschaft gehören:

- die erwerbsfähige Person wie bisher beschrieben,
- deren im Haushalt lebenden Eltern, wenn die erwerbsfähige Person zwischen 15 und 24 Jahre alt ist
- als Partner*in der erwerbsfähigen Person
  - der nicht dauernd getrenntlebende Ehegatte,
  - der nicht dauernd getrenntlebende Lebenspartner beziehungsweise die nicht dauernd getrenntlebende Lebenspartnerin
  - eine Person, die im gleichen Haushalt so mit der erwerbsfähigen Person zusammenlebt, dass davon auszugehen ist, dass sie füreinander „wie Eheleute" einstehen,
- dem Haushalt angehörende unverheiratete Kinder der vorgenannten Personen, wenn sie jünger als 25 Jahre sind; dies aber nur, soweit sie ihren Lebensunterhalt nicht aus eigenem Einkommen und Vermögen decken können.

Bei Ehegatten und Partner*innen ist zu beachten, dass sie eine Bedarfsgemeinschaft nur dann bilden, wenn sie **nicht dauernd getrennt** leben. Wenn sie also bei noch bestehender Ehe oder Partnerschaft beschlossen haben, getrennte Wege zu gehen und sich voraussichtlich auch scheiden zu lassen, bilden sie keine Bedarfsgemeinschaft mehr; auch dann nicht, wenn sie noch in derselben Wohnung leben. Wenn andererseits die (Ehe) Partner eine Lebensform gewählt haben, in der sie in **zwei Wohnungen** „zusammenleben", leben sie nicht getrennt.

Andererseits bilden auch **unverheiratete Paare** eine Bedarfsgemeinschaft, wenn davon auszugehen ist, dass sie füreinander einstehen. Dies wird vermutet, wenn sie

- länger als ein Jahr zusammenleben,
- mit einem gemeinsamen Kind zusammenleben,
- Kinder oder Angehörige im Haushalt versorgen oder
- befugt sind, über Einkommen und Vermögen des anderen zu verfügen.

Vereinfacht ausgedrückt leben sie wie Eheleute zusammen und wirtschaften aus einem Topf. Das reine Zusammenleben als Zweckgemeinschaft zur Reduzierung der Miete führt noch nicht zu einer Bedarfsgemeinschaft.

Gemeint sind nur Paare, die die Ehe eingehen könnten („eheähnliche Gemeinschaft"). Deshalb können zwei Geschwister oder Kind und Elternteil nicht als Paar eine Bedarfsgemeinschaft bilden

Da das deutsche Recht die **Vielehe** nicht anerkennt, kann nur ein Partner das weitere Mitglied der Bedarfsgemeinschaft sein.

Ein **Kind gehört nicht (mehr) zur Bedarfsgemeinschaft der Eltern,** wenn

- es verheiratet ist,
- es das 25. Lebensjahr vollendet hat,
- es seinen Lebensunterhalt aus eigenem Einkommen und Vermögen bestreiten kann,
- es mit einem Partner im Haushalt der Eltern lebt,
- es mit einem Partner und mit seinem oder dem Kind des Partners im Haushalt der Eltern lebt,
- es erwerbsfähig ist und selbst ein Kind hat, das ebenfalls im Haushalt der Eltern lebt.

In allen diesen Fällen bildet das Kind eine eigene Bedarfsgemeinschaft im Haushalt der Eltern – gegebenenfalls mit eigenem Kind und Partner*in. Es kann in einem Haushalt also durchaus mehrere Bedarfsgemeinschaften geben.

BEISPIEL

Die Eheleute Krause leben mit ihren drei Kindern Paul (23), Christine (21) und Sebastian (14) in einem Haus. Sie bilden ein Bedarfsgemeinschaft.

Wenn Pauls Freundin mit in das Haus zieht, ändert sich das. Nun sind Paul und seine Freundin eine Bedarfsgemeinschaft. Seine Eltern bilden mit den beiden anderen Kindern eine weitere Bedarfsgemeinschaft.

Wenn Christine eine Anstellung findet, aus der sie ihren notwendigen Lebensunterhalt bestreiten kann, gibt es sogar drei Bedarfsgemeinschaften in einem Haushalt: Christine; Paul und seine Freundin; die Eltern mit Sohn Sebastian.

Aus verschiedenen Gründen leben Menschen in einem Haushalt zusammen. Sie sind aber nur dann eine Bedarfsgemeinschaft im Sinne des Bürgergeldes, wenn die obigen Voraussetzungen zutreffen. Sonst sind sie eine **Haushalts- oder Wohngemeinschaft.**

3 Wie viel Bürgergeld gibt es?

Rechtsgrundlage: §§ 19 – 30, 72 SGB 2

Das Bürgergeld soll den notwendigen Lebensunterhalt einer Bedarfsgemeinschaft sicherstellen. Es ist nicht ein bestimmter Betrag, sondern setzt sich aus **mehreren Teilbeträgen** zusammen. Zunächst wird der Bedarf der in der Bedarfsgemeinschaft lebenden Personen ermittelt. Dann wird geschaut, ob Einkommen oder Vermögen vorhanden ist, mit dem der Bedarf ganz oder teilweise gedeckt werden kann. Der durch Einkommen oder Vermögen nicht gedeckte Bedarf bestimmt dann die Höhe des Bürgergeldes.

Neben dem Bürgergeld hilft das Jobcenter, das eigene Einkommen durch Erwerbstätigkeit zu finanzieren durch Berufsberatung, Qualifizierung, Arbeitsvermittlung und auch unterstützende Hilfen wie Schuldnerberatung oder Suchtberatung.

In diesem Kapitel werden die einzelnen Bestandteile des notwendigen Lebensunterhalts vorgestellt.

Der notwendige Lebensunterhalt bemisst sich nach den einzelnen Bedarfen der in der Bedarfsgemeinschaft zusammenlebenden Personen und dem gemeinsamen Bedarf an Wohnkosten.

Die einzelnen Bedarfe sind

- Regelbedarf
- Mehrbedarf
- Bedarf für Unterkunft und Heizung
- Einmalige Leistungen
- Beiträge zur Kranken- und Pflegeversicherung
- Bedarfe für Bildung und Teilhabe
- Sofortzuschlag für Kinder

1. Regelbedarf

Rechtsgrundlage: §§ 20, 23 SGB 2

Der Regelbedarf ist eine Monatspauschale für jede einzelne Person in der Bedarfsgemeinschaft. Sie dient der Finanzierung von Ernährung, Kleidung, Körperpflege, Hausrat (auch Möbel und Haushaltsgeräte), Haushaltsenergie (Strom, Gas für Gasherd), persönliche Bedürfnisse des täglichen Lebens wie Fahrtkosten, Telefon, Hobbys, Kultur.

Die Beträge werden jedes Jahr zum 1. Januar für das folgende Jahr neu festgesetzt. Seit 1. Januar 2023 sind es für

Alleinstehende und Alleinerziehende	502,00 €
Je Partner*in von Paaren	451,00 €
18- bis 24jährige bei den Eltern	402,00 €
14- bis 17jährige bei den Eltern	420,00 €
6- bis 13jährige	348,00 €
Unter 6jährige	318,00 €

Ist ein Partner eines Paares noch minderjährig, erhält der/die Volljährige 502,00 € und der/die Minderjährige 420,00 €.

⚠ ACHTUNG

Zieht ein unter 25jähriges Kind ohne Zustimmung des Jobcenters in eine eigene Wohnung, erhält es weiterhin nur 402,00 €, als ob es weiter bei den Eltern wohnen würde. Auch bei der Anerkennung der Wohnkosten gibt es Probleme, Deshalb ist es wichtig, die Zustimmung zum Umzug einzuholen. Siehe dazu auch den Abschnitt 3 „Bedarf für Unterkunft und Heizung“.

Besteht nicht für den ganzen Monat ein Leistungsanspruch, wird für jeden Tag 1/30 der Monatspauschale angesetzt.

BEISPIEL

Die Eheleute Krause leben mit ihren beiden Kindern zusammen. Simone ist 3 Jahre alt, Sebastian 7 Jahre.

Regelbedarf Herr Krause	451,00 €
Regelbedarf Frau Krause	451,00 €
Regelbedarf Sebastian	348,00 €
Regelbedarf Simone	318,00 €

2. Mehrbedarf

Rechtsgrundlage: §§ 21, 23, 24 SGB 2

In bestimmten Lebenssituationen entstehen üblicherweise zusätzliche Kosten. Diese sollen durch die Mehrbedarfe abgedeckt werden. Welche Mehrbedarfe es in welcher Höhe gibt, ist im Gesetz im Einzelnen geregelt. Es kann sein, dass eine Person aus mehreren Gründen einen Mehrbedarf benötigt. Dann erhält sie auch **mehrere Mehrbedarfe.**

Hierzu gibt es aber eine Ausnahme: Die Mehrbedarfe wegen Schwangerschaft, Alleinerziehens, einer Behinderung und kostenaufwändiger Ernährung dürfen zusammen genommen nicht mehr als der persönliche Regelbedarf betragen.

Schwangerschaft

Werdende Mütter erhalten ab der 13. Schwangerschaftswoche bis zum Ende des Monats, in dem das Kind geboren wird, einen Mehrbedarf von 17 % des für sie geltenden Mehrbedarfs.

Alleinstehende Schwangere 17 % von 502,00 €	85,34 €
Schwangere in einer Partnerschaft 17 % von 451,00 €	76,67 €
Schwangere von 18 bis 24 bei den Eltern *17 % von 402,00 €	68,34 €
Schwangere von 14 bis 17 bei ihren Eltern 17 % von 420,00 €	71,40 €

BEISPIEL

Die Alleinstehende Frau Becker ist im 5. Monat schwanger.

Regelbedarf Frau Becker	502,00 €
Mehrbedarf wegen Schwangerschaft 17 %	85,34 €

Alleinerziehend

Alleinerziehende, die allein mit einem oder mehreren minderjährigen Kindern zusammenleben und allein für deren Pflege und Erziehung sorgen, erhalten einen Mehrbedarf zwischen 12 % und 60 % ihres Regelbedarfs. Dieser beträgt 502,00 €.

Mehrbedarf für ein Kind 12 %	60,24 €
Mehrbedarf für ein Kind unter 7 Jahren 36 %	180,72 €
Mehrbedarf für zwei Kinder 24 %	120,48 €
Mehrbedarf für zwei Kinder unter 16 Jahren 36 %	180,72 €
Mehrbedarf für drei Kinder 36 %	180,72 €
Mehrbedarf für vier Kinder 48 %	240,96 €
Mehrbedarf für fünf oder mehr Kinder 60 %	301,20 €

BEISPIEL

Das Kind der alleinstehenden Frau Becker ist inzwischen geboren.

Regelbedarf Frau Becker	502,00 €
Mehrbedarf wegen Alleinerziehens 36 %	180,72 €
Regelbedarf des Kindes	318,00 €

Wenn getrennte oder geschiedene Eltern ihre Kinder abwechselnd wochenweise betreuen **(„Wechselmodell")**, erhalten beide jeweils den halben Mehrbedarf. Besuchen die Kinder den anderen Elternteil nur an Wochenenden oder auch einmal längere Zeit in den Ferien, erhält der Elternteil den vollen Mehrbedarf, bei dem die Kinder überwiegend leben.

Behinderung

Menschen mit Behinderungen ab 15 bekommen einen Mehrbedarf, wenn sie

- Leistungen zur Teilhabe am Erwerbsleben im Rahmen der Eingliederungshilfe – außer Berufsvorbereitung oder Berufsausbildung (§ 49 SGB IX)
- Eingliederungshilfe zur Förderung der Schul- oder Hochschulbildung (§ 112 SGB IX)

erhalten. Der Bescheid über diese Leistungen muss mit dem Antrag auf Bürgergeld eingereicht werden. Der Mehrbedarf beträgt 35 % des jeweiligen Regelbedarfs. Auch nach Beendigung der Eingliederungshilfeleistungen kann der Mehrbedarf zumindest während einer Übergangszeit weiter gewährt werden.

Alleinstehende/Alleinerziehende 35 % von 502,00 €	175,70 €
In Partnerschaft 35 % von 451,00 €	157,85 €
Kind 18 bis 24 Jahre 35 % von 402,00 €	140,70 €
Kind 15 bis 17 Jahre 35 % von 420,00 €	147,00 €

Kostenaufwändige Ernährung

Wer aus gesundheitlichen Gründen **eine besondere – kostenaufwändige – Ernährung** benötigt, erhält einen Mehrbedarf in angemessener Höhe. Es geht hier nur um Kosten für Ernährung nicht um andere Belastungen, die mit chronischen Erkrankungen oft verbunden sind – wie zum Beispiel Fahrtkosten zum Arzt. Die Jobcenter und auch die meisten Gerichte benutzen für die Bewilligung die **Empfehlungen des Deutschen Vereins** vom 16. Sept. 2020. Sie sind im Internet zu finden unter www.deutscher-verein.de → Empfehlungen/Stellungnahmen → 2020 → Mehrbedarf bei kostenaufwändiger Ernährung.

Ein Mehrbedarf wird angenommen bei **krankheitsbedingter Mangelernährung** und **gestörter Aufnahme von Nährstoffen,** wie zum Beispiel bei fortschreitenden Krebserkrankungen, AIDS, Multipler Sklerose und schweren entzündlichen Darmerkrankungen. Auch bei anderen Erkrankungen kann ein Mehrbedarf bestehen, wenn durch die Krankheit ein erhöhter Ernährungsbedarf entsteht. Dies wird angenommen bei einem krankheitsbedingten Untergewicht oder bei krankheitsbedingtem Gewichtsverlust von mindestens 5 % in den letzten sechs Monaten. Auch bei **Nahrungsmittelunverträglichkeiten** kann ein Anspruch bestehen, wenn die nötigen Ersatzstoffe besonders teuer sind.

Der Mehrbedarf wird im Einzelfall festgestellt. Dazu müssen Sie eine **ärztliche Bescheinigung** vorlegen, aus der sich die Erkrankung und die Notwendigkeit einer kostenaufwändigen Ernährung ergibt.

Bei bestimmten Erkrankungen gibt es normalerweise einen monatlichen Pauschalbetrag als Anteil des Regelbedarfs für Alleinstehende von 502,00 €.

Mukoviszidose 30 % von 502,00 €	150,60 €
Zöliakie 20 % von 502,00 €	100,40 €
Mangelernährung 10 % von 502,00 €	50,20 €

In besonderen Einzelfällen kann das Jobcenter einen höheren Mehrbedarf bewilligen. Dies gilt besonders, wenn mehrere Erkrankungen vorliegen.

Schwerbehindert mit Merkzeichen G

Nicht erwerbsfähige Mitglieder der Bedarfsgemeinschaft ab 15 Jahren, die in ihrem **Schwerbehindertenausweis das Merkzeichen G oder aG** haben, erhalten einen Mehrbedarf von 17 % ihres Regelbedarfs. Sie erhalten diesen Mehrbedarf allerdings nicht, wenn sie bereits einen Mehrbedarf für Menschen mit Behinderungen bekommen.

Schulbücher

Soweit eine Schülerin oder ein Schüler aufgrund der jeweiligen schulrechtlichen Bestimmungen oder schulischen Vorgaben Aufwendungen zur Anschaffung oder Ausleihe von **Schulbüchern oder entsprechenden Arbeitsheften** hat, sind sie als Mehrbedarf zu übernehmen. Dies betrifft Bücher und Arbeitshefte für die keine Schulgeldfreiheit besteht. Voraussetzung für die Gewährung des Mehrbedarfs ist eine entsprechende Bescheinigung der Schule.

Warmwasser

In vielen Wohnungen wird das Warmwasser von der Heizung erzeugt. Dann werden die Energiekosten beim Bedarf für Unterkunft und Heizung berücksichtigt – siehe folgender Abschnitt.

In manchen Wohnungen wird aber das warme Wasser durch zum Beispiel **Durchlauferhitzer** am Waschbecken oder an der Dusche erzeugt. Dann besteht Anspruch auf einen Mehrbedarf für diese Kosten. Dieser wird pauschal errechnet. Höhere Kosten werden nur berücksichtigt, wenn diese durch einen besonderen Zähler nachgewiesen werden können.

Seit 1. Januar 2023 gelten folgende Beträge

Regelbedarf 502,00 €	Mehrbedarf 11,55 €
Regelbedarf 451,00 €	Mehrbedarf 10,37 €
Regelbedarf 402,00 €	Mehrbedarf 9,25 €
Regelbedarf 420,00 €	Mehrbedarf 5,88 €
Regelbedarf 348,00 €	Mehrbedarf 4,18 €
Regelbedarf 318,00 €	Mehrbedarf 2,54 €

Unabweisbarer besonderer Bedarf

Es gibt noch eine Auffangklausel für **besondere Bedarfe,** die in dem vorhergehenden Katalog nicht berücksichtigt wurden. Die Jobcenter sind mit der Bewilligung sehr zurückhaltend. Es gibt inzwischen einige Gerichtsurteile hierzu. Besondere Voraussetzung ist auch, dass der Bedarf nicht durch Hilfen anderer Personen oder Stellen und auch nicht durch ein Darlehen des Jobcenters oder Einsparungen der Leistungsberechtigten finanziert werden kann.

Zu den bisher wenigen anerkannten besonderen Bedarfen gehören unter anderem hoher Aufwand für **Körperpflegeartikel** bei Neurodermitis, (Fahrt)Kosten zur Wahrnehmung des **Umgangsrechts** mit Kindern aus früherer Ehe. Haushaltshilfen können bei körperlich stark beeinträchtigten Personen ebenfalls in Betracht kommen. Hier wird aber immer geprüft, ob nicht vorrangig Leistungen bei Pflegekasse oder Sozialamt zu beantragen sind.

→ BERATUNG

Da die Jobcenter hier sehr zurückhaltend sind, es aber auch immer wieder neue Gerichtsurteile gibt, kann es sinnvoll sein, sich beraten zu lassen, welche unabweisbaren besonderen Bedarfe unter welchen Voraussetzungen geltend gemacht werden können. Eine Adressdatenbank mit Beratungsstellen auch in Ihrer Nähe finden Sie im Internet unter „www.my-Sozialberatung.de".

3. Bedarf für Unterkunft und Heizung

Rechtsgrundlage: § 22 SGB 2

Menschen mit geringem Einkommen können als Unterstützung Wohngeld erhalten. Wohngeld ist aber immer nur ein Zuschuss zu den Wohnkosten. Demgegenüber werden im Rahmen des Bürgergeldes die **gesamten Wohnkosten erstattet, soweit diese angemessen sind.** Daneben wird dann kein Wohngeld mehr gezahlt.

Zu den Wohnkosten gehören

- Miete
- Nebenkosten (Betriebskosten)
- Kosten für Heizung und Warmwasser
- Renovierungskosten/Schönheitsreparaturen
- Kosten für Wohneigentum
- Umzugskosten
- Miet- und Energieschulden

Bei der Berechnung des Bürgergeldes werden die Wohnkosten auf alle Personen der Bedarfsgemeinschaft gleichmäßig („nach Kopfteilen") verteilt.

BEISPIEL

Die Eheleute Krause leben mit ihren beiden Kindern zusammen. Simone ist 3 Jahre alt, Sebastian 7 Jahre. Sie leben in einer Wohnung mit 80 Quadratmetern. Die Warmmiete beträgt 1.000,00 €.

	Regelbedarf	Miete	Gesamtbedarf
Herr Krause	451,00 €	250,00 €	701,00 €
Frau Krause	451,00 €	250,00 €	701,00 €
Sebastian	348,00 €	250,00 €	598,00 €
Simone	318,00 €	250,00 €	568,00 €

Normalerweise werden die Unterkunftskosten an die Leistungsberechtigten gezahlt. Auf Antrag können sie aber auch direkt an Vermieter und Energieversorger gezahlt werden. Auch ohne Antrag zahlt das Jobcenter direkt an Vermieter und Energieversorger, wenn die **zweckentsprechende Verwendung des Geldes** nicht sichergestellt ist, weil

- Mietrückstände bestehen, die zu einer außerordentlichen Kündigung des Mietvertrages berechtigen,
- Energiekostenrückstände bestehen, die zu einer Unterbrechung der Energieversorgung berechtigen,
- konkrete Anhaltspunkte für ein krankheits- oder suchtbedingtes Unvermögen der leistungsberechtigten Person bestehen, das Geld zweckentsprechend für die Unterkunftskosten zu verwenden,
- konkrete Anhaltspunkte dafür bestehen, dass die im Schuldnerverzeichnis eingetragene leistungsberechtigte Person das Geld nicht zweckentsprechend verwendet.

Auf Dauer werden nur die **angemessenen Kosten** übernommen.
Die ersten zwölf Monate des Leistungsbezugs sind eine sogenannte **Karenzzeit**. In dieser Zeit werden die **tatsächlichen Kosten** ohne Prüfung anerkannt. Diese Karenzzeit gilt für alle nachfolgend dargestellten Kosten der Unterkunft. Sie verlängert sich um die Anzahl der vollen Monate, in der keine Leistungen bezogen wurden.

 **BEISPIEL**

Der Anspruch auf Bürgergeld beginnt am 1. Okt. 2023. Die Karenzzeit endet am 30. Sept. 2024.

Vom 1. Jan. 2024 bis 30. April 2024 werden keine Leistungen bezogen. Das sind vier volle Monate. Die Karenzzeit verlängert sich um diese vier Monate bis zum 31. Jan. 2025.

Eine neue Karenzzeit beginnt, wenn mindestens drei Jahre keine Leistungen nach dem Sozialgesetzbuch 2 (Arbeitslosengeld 2, Bürgergeld) oder dem Sozialgesetzbuch 12 bezogen wurden.

BEISPIEL

Herr Krause hat bis 30. Juni 2021 Arbeitslosengeld 2 erhalten. Dann hatte er eine Anstellung gefunden, die er inzwischen wieder verloren hat. Er beantragt deshalb zum 1. Okt. 2023 Bürgergeld. Da noch keine drei Jahre (bis 30. Juni 2024) vergangen sind, beginnt keine neue Karenzzeit. Das Jobcenter prüft deshalb, ob die Miete angemessen ist.

Die Unterkunftskosten, die das Jobcenter nicht anerkennt, müssen Leistungsberechtigte selbst zahlen – aus dem Regelbedarf, nicht angerechnetem Einkommen oder auch dem Schonvermögen.

Miete

Für die **Angemessenheit der Miete** kommt es auf die **Größe der Wohnung** und den **Mietpreis** an. Das Jobcenter übernimmt nach der Karenzzeit nur die angemessenen Kosten. Den Rest müssen die Leistungsberechtigten aus ihrem übrigen Geld zahlen.

 **ACHTUNG**

Da dieser „Rest“ Monat für Monat anfällt und bei Mieterhöhungen noch mehr werden kann, sollten Sie genau überlegen, ob Sie eine Entscheidung des Jobcenters zur Angemessenheit der Wohnkosten akzeptieren oder nicht doch Widerspruch einlegen sollten.

Für die angemessene Wohnungsgröße gibt es folgende Anhaltswerte:

1 Person	45–50 Quadratmeter
2 Personen	60 Quadratmeter
3 Personen	75 Quadratmeter
4 Personen	90 Quadratmeter
5 Personen	105 Quadratmeter
Jede weitere Person	je zusätzliche 15 Quadratmeter

Auch Säuglinge und Kleinkinder zählen als ganze Person. Für Rollstuhlfahrer muss je nach Schnitt der Wohnung ein höherer Platzbedarf anerkannt werden. Wenn sich geschiedene Eltern die Betreuung ihrer Kinder in etwa gleichmäßig teilen (Wechselmodell), müssen die Kinder in beiden Wohnungen berücksichtigt werden.

Die Anerkennung der Miethöhe ist das am meisten umstrittene Thema beim Bürgergeld. Hierzu gab und gibt es zahlreiche Gerichtsverfahren. Das Bundessozialgericht verlangt von den Jobcentern, dass sie ein sogenanntes **schlüssiges Konzept** zur Ermittlung der angemessenen Miethöhe haben. Sie müssen festlegen, welchen Mietpreis sie in welchem Stadtteil oder Kreisgebiet anerkennen. Sie können den örtlichen Mietpreisspiegel heranziehen, wenn er noch aktuell ist, oder eigene Erhebungen durchführen. Wichtig ist dabei vor allem, dass zu den festgelegten Obergrenzen **auch tatsächlich Wohnungen angemietet werden können.**

 **TIPP**

Im Internet gibt es eine Datenbank mit den Richtlinien zu den angemessenen Wohnkosten: https://harald-thome.de/informationen/bundesweite-dienstanweisungen-kdu.html. Hier können Sie sich orientieren. Wenn Ihre Mietkosten zu hoch erscheinen, sollten Sie sich in einer örtlichen Beratungsstelle informieren, ob es aktuellere Erfahrungen oder auch laufende Gerichtsverfahren gibt.

Wenn die Mietkosten unangemessen hoch sind, fordert das Jobcenter zur **Senkung der Mietkosten** auf, zum

Beispiel durch Verhandlung mit dem Vermieter, Untervermietung (wenn der Vermieter das zulässt) oder auch einen Umzug. Das Jobcenter setzt hierfür eine Frist von bis zu sechs Monaten. Es muss die Frist aber verlängern, wenn Sie keine günstigere Wohnung finden konnten.

Es kann auch sein, dass Ihnen ein Umzug nicht zuzumuten ist, weil damit ein Schulwechsel oder ein deutlich längerer Schulweg oder ein deutlich längerer Arbeitsweg verbunden wäre.

 **TIPP**

Machen Sie das Jobcenter auf Gründe aufmerksam, die gegen einen Umzug sprechen. Sammeln Sie die Mietangebote, auf die Sie sich erfolglos beworben haben, um gegebenenfalls eine Fristverlängerung zu erreichen.

⚠ **ACHTUNG**

Wenn Sie eine Wohnung gefunden haben, unterschreiben Sie den neuen Mietvertrag erst nach Zustimmung des Jobcenters. Nur dann können Sie sicher sein, dass die Kosten als angemessen anerkannt werden und vor allem auch, dass Sie Umzugskosten und gegebenenfalls die Kaution (als Darlehen) bewilligt erhalten.

Wenn Sie keine Bedarfsgemeinschaft mit den weiteren Mitbewohner*innen bilden sondern nur eine **Wohngemeinschaft,** gilt für jede einzelne Person die Miete als angemessen, die für allein lebende Personen als angemessen anzuerkennen ist.

Nebenkosten (Betriebskosten)

Nebenkosten sind alle Kosten, die nach der **Betriebskostenverordnung** auf Mieter verteilt werden können. Das sind insbesondere die Kosten für Wasser, Abwasser, Müll, Grundsteuern, Hausversicherungen, Straßenreinigung, Reinigung und Beleuchtung der Gemeinschaftsflächen, Hausmeister, Schornsteinfeger. Die Kosten für Kabelanschluss oder Stellplätze für Autos werden nur dann anerkannt, wenn die Wohnung nur mit diesen Zusatzleistungen gemietet werden kann und die Kosten insgesamt angemessen sind.

 **TIPP**

Die Jobcenter prüfen normalerweise Miete und Nebenkosten gemeinsam. Wenn doch einmal eine Prüfung nur der Nebenkosten stattfindet, können Sie sich über die üblichen Kosten informieren unter www.mieterbund.de/service/betriebsostenspiegel. Die dort veröffentlichten Werte sind allerdings leider nicht immer auf dem neuesten Stand.

Das Jobcenter muss auch eine **Nachzahlung** von Nebenkosten übernehmen, wenn Sie zum Zeitpunkt der Nebenkostenabrechnung Bürgergeld beziehen. Eine **Rückerstattung** von Nebenkosten müssen Sie dem Jobcenter mitteilen. Sie wird im folgenden Monat mit den Unterkunftskosten verrechnet. Das Jobcenter darf aber nicht die Kosten verrechnen, die es vorher als zu hoch (unangemessen) nicht anerkannt hat und die Sie deshalb selbst tragen mussten.

Kosten für Heizung und Warmwasser

Das Jobcenter übernimmt auch die angemessenen Kosten für Heizung und Warmwasser. Dazu gehören

- Monatliche Vorauszahlungen an Vermieter oder Energieversorger
- Nachzahlungen bei der jährlichen Abrechnung
- Wartungskosten und Betriebskosten der Heizungsanlage
- Kosten für selbst gekaufte Brennstoffe wie Kohle, Holz, Pellets, die Füllung eines Gas- oder Öltanks. Sie haben Anspruch auf die gesamten Beschaffungskosten zu dem Zeitpunkt, zu dem sie anfallen.

⚠ **ACHTUNG**

Wenn Sie mit Strom heizen – Nachtspeicherheizung oder Wärmepumpe, weisen Sie das Jobcenter unbedingt darauf hin. Stromkosten zum Heizen müssen nicht aus dem Regelbedarf finanziert werden, sondern sind Heizkosten.

TIPP

Heizkosten sind je nach Region, Zustand und Lage einer Wohnung sehr unterschiedlich. Viele Jobcenter orientieren sich am Heizspiegel, den Sie im Internet unter www.heizspiegel.de finden können.

Es gibt dort Werte für ganz Deutschland, aber auch für einzelne Regionen. Die angegebenen Kosten sind allerdings nicht ganz aktuell. Sie geben nicht die erheblichen Preissteigerungen der letzten Zeit wieder. Die Preise der verschiedenen Energieversorger sind auch nicht gleich hoch. Deshalb ist es wichtig, nicht nur auf die Kosten zu schauen, sondern auch darauf, wieviel Energie in vergleichbaren Wohnungen verbraucht wurde. Maßstab hierfür sind Kilowattstunden – abgekürzt kWh.

Ein hoher Energieverbrauch kann nachvollziehbare Gründe haben, die das Jobcenter anerkennen muss, zum Beispiel

- Schlechte Wärmedämmung
- Schlechter Zustand der Heizungsanlage
- Wohnung im Dachgeschoss oder in einer Ecklage
- Kleinkinder oder gebrechliche Personen im Haushalt.

Auf solche Gründe sollten Sie das Jobcenter hinweisen.

Das Jobcenter muss auch eine **Nachzahlung** von Heizkosten übernehmen, wenn Sie zum Zeitpunkt der Heizkostenabrechnung Bürgergeld beziehen oder wegen der Höhe der Nachzahlung beziehen müssen. Eine **Rückerstattung** von Heizkosten müssen Sie dem Jobcenter mitteilen. Sie wird im folgenden Monat mit den Unterkunftskosten verrechnet. Das Jobcenter darf aber nicht die Kosten verrechnen, die es vorher als zu hoch (unangemessen) nicht anerkannt hat und die Sie deshalb selbst tragen mussten.

Nur im Jahr 2023 können Heizkostennachzahlungen auch noch mit drei Monaten Verspätung geltend gemacht werden.

BEISPIEL

Im Juni 2023 kommt die Heizkostenabrechnung für 2022 mit einer Nachzahlung, von 1.000,00 €, die Familie Krause nicht bezahlen kann. Ein Antrag an das Jobcenter kann noch bis Ende September 2023 gestellt werden.

Wird das Warmwasser von der Heizung erzeugt, gehören diese Kosten zu den Heizkosten. Wenn das Warmwasser durch besondere Geräte wie Durchlauferhitzer erzeugt wird, gibt es hierfür einen Mehrbedarf – siehe Kapitel 3 Abschnitt 2.

Renovierungskosten/Schönheitsreparaturen

Auch die Kosten für Renovierung und im Mietvertrag vereinbarte Schönheitsreparaturen gehören zu den Unterkunftskosten. Die Übernahme dieser Kosten muss vorher beantragt werden.

 **TIPP**

Bei Zweifeln an der Wirksamkeit des Mietvertrages sollte Rat bei einem Mieterverein gesucht werden.

Kosten für Wohneigentum

Auch Eigentümer*innen von Wohnungen oder Häusern haben Anspruch auf die Unterkunftskosten für die Wohnung, in der sie (mit ihrer Bedarfsgemeinschaft) leben. Für die Anerkennung der Wohnungsgröße und der Kosten gelten die gleichen Maßstäbe wie für Mieterinnen und Mieter. Das gilt auch für die Nebenkosten und die Heizkosten. Zu den Nebenkosten gehört bei Eigentumswohnungen auch das Hausgeld.

Anstelle der Miete werden Eigentümer*innen die Kreditkosten für die Abzahlung des Hauses oder der Wohnung erstattet. Das sind aber **nur die Zinsen** auf einen Immobiliarkredit. Die Darlehenstilgung übernimmt das Jobcenter nicht. Nur wenn die Monatsraten die Höhe der Miete für eine vergleichbare Wohnung nicht übersteigen und der Tilgungsanteil nur noch sehr gering ist, kann ausnahmsweise auch die Tilgung übernommen werden. Ansonsten müssen Eigentümer mit der Bank eine Aussetzung der Tilgung verhandeln oder beispielsweise auf Schonvermögen zurückgreifen.

Zu den Wohnkosten gehören auch ein Erbpachtzins und **notwendige Reparaturen am Wohneigentum.** Diese werden vom Jobcenter bis zur Höhe der jährlichen Mietkosten einer vergleichbaren Wohnung übernommen. Soweit die notwendigen Kosten höher sind, gibt das Jobcenter ein Darlehen und lässt sich ins

Grundbuch eintragen. Für die Kosten von Reparaturen gilt die zwölfmonatige Karenzzeit nicht. Diese Kosten werden also von Anfang an auf ihre Angemessenheit geprüft.

Umzugskosten

Kosten der Wohnungssuche, für einen Umzug und auch für die Kaution gehören zu den Kosten der Unterkunft, die das Jobcenter übernehmen muss. Voraussetzung ist aber, dass das **Jobcenter vorher informiert** wurde und der **Kostenübernahme zugestimmt** hat.

Kosten für eine **Mietkaution** oder für einen Genossenschaftsanteil werden nur als Darlehen übernommen. Solche Darlehen müssen mit monatlich 5 % des Regelbedarfs zurückgezahlt werden. Eine alleinstehende Person muss also 5 % von 502,00 € zurückzahlen. Das sind monatlich 25,10 €. Wenn zum Beispiel wegen der Aufnahme einer Erwerbstätigkeit kein Anspruch mehr auf Bürgergeld besteht, muss das restliche Darlehen für die Kaution auf einmal zurückgezahlt werden. Es muss aber eine Zahlung in Raten ermöglicht werden, wenn die Rückzahlung des Gesamtbetrages eine Überforderung darstellen würde.

Zuständig für die Wohnungsbeschaffungskosten und die Umzugskosten ist das Jobcenter am bisherigen Wohnort. Zuständig für eine Mietkaution oder die Kosten eines Genossenschaftsanteils ist das Jobcenter am neuen Wohnort. Es muss also das Einverständnis beider Jobcenter eingeholt werden.

Die Zustimmung muss erteilt werden, wenn das Jobcenter einen Umzug verlangt hat, um die Mietkosten zu senken. Sie muss auch erteilt werden, wenn es andere wichtige Gründe gibt, zum Beispiel einen deutlich kürzeren Weg zur Arbeitsstelle.

Wichtig ist auch, dass die **Kosten der neuen Wohnung angemessen** sein müssen. Wenn sie zu hoch sind, erstattet das Jobcenter nur die angemessenen Kosten. Den Rest müssen die Leistungsberechtigten selbst zahlen. Das gilt auch für künftige Erhöhungen der Miet- und Nebenkosten.

 **TIPP**

Bei Unstimmigkeiten mit dem Jobcenter zur angemessenen Höhe der Miete sollte unbedingt eine örtliche Beratungsstelle um Rat gefragt werden. Dort kennt man die örtlichen Gegebenheiten am besten. Adressen finden sich im Internet unter www.my-sozialberatung.de.

⚠ ACHTUNG

Wenn Personen unter 25 Jahren umziehen wollen, müssen sie sich unbedingt die Übernahme der Mietkosten vom Jobcenter zusichern lassen. Nur dann übernimmt das Jobcenter die Unterkunftskosten. Ohne eine Zusicherung zahlt das Jobcenter auch nur einen Regelbedarf von 402,00 € statt 502,00 € bei Alleinstehenden. Das Jobcenter übernimmt auch die Kosten für die Erstausstattung der Wohnung mit Möbeln und Haushaltsgeräten nur, wenn es dem Umzug zugestimmt hat.

Das Jobcenter muss die Zusicherung erteilen, wenn

- aus schwerwiegenden sozialen Gründen ein weiteres Zusammenleben mit den Eltern nicht zumutbar ist – zum Beispiel
  - beengte unzumutbare Wohnverhältnisse
  - schwer gestörte Eltern-Kind-Beziehung
  - wenn die Person unter 25 Jahren mit einem Ehepartner eine Familie gründen will oder bereits ein Kind hat
- der Umzug zur Eingliederung in den Arbeitsmarkt erforderlich ist, also Umzug an den künftigen Arbeitsort
- ein anderer ähnlich schwerwiegender Grund vorliegt.

Bei Unstimmigkeiten sollte der Allgemeine Sozialdienst des Kreises oder der Gemeinde eingeschaltet werden.

Junge Menschen, die nach einem Auszug aus dem Elternhaus selbst für ihren Lebensunterhalt aufkommen können, benötigen natürlich keine Zustimmung des Jobcenters zu einem Umzug.

Miet- und Energieschulden

Das Jobcenter kann auch Miet- oder Energieschulden übernehmen, wenn sonst der **Verlust der Wohnung** oder eine **Sperrung der Energielieferung** droht. Dies gilt für Schulden aus rückständigen Mietzahlungen, Heizungs- und Wasserkosten. Strom gehört rechtlich nicht zum Unterkunftsbedarf, sondern zum Regelbedarf. Aber auch hier ist die Übernahme von Schulden möglich.

Schulden werden nur übernommen, wenn Bürgergeld einschließlich des Bedarfs für Unterkunft und Heizung bezogen wird. Ist dies nicht der Fall, ist nicht das Jobcenter sondern das Sozialamt zuständig.

Schulden werden nicht übernommen, wenn noch **geschütztes Geldvermögen** vorhanden ist. Dieses muss vorrangig eingesetzt werden.

Das Jobcenter übernimmt die Schulden als **Darlehen.** Die Leistungsberechtigten müssen das Geld also an das Jobcenter zurückzahlen. Dafür werden monatlich 5 % des Regelbedarfs einbehalten. Wenn zum Beispiel wegen der Aufnahme einer Erwerbstätigkeit kein Anspruch mehr auf Bürgergeld besteht, muss das restliche Darlehen für die Übernahme der Schulden auf einmal zurückgezahlt werden. Das Jobcenter muss aber eine Zahlung in Raten ermöglichen, wenn die Rückzahlung des Gesamtbetrages eine Überforderung darstellen würde.

Das Jobcenter kann die Übernahme von Schulden ablehnen, wenn es wiederholt zu Mietrückständen gekommen ist oder wenn die Wohnung unangemessen teuer ist und deshalb ohnehin ein Umzug erforderlich ist.

4. Einmalige Leistungen

Rechtsgrundlage: § 24 SGB 2

Auch Anschaffungen von Möbeln oder Haushaltsgeräten müssen aus dem Regelbedarf finanziert werden. Sind Leistungsberechtigte hierzu nicht in der Lage, weil sie noch nicht genug ansparen konnten und auch über kein Sparguthaben verfügen, finanziert das Jobcenter notwendige Anschaffungen. Statt Geld kann es auch die notwendigen Ausstattungsgegenstände als Sachleistung zur Verfügung stellen. In jedem Fall erfolgt die Leistung als Darlehen. Der Geldbetrag beziehungsweise der Wert einer Sachleistung ist an das Jobcenter zurückzuzahlen. Das Jobcenter behält hierfür 5 % des Regelbedarfs ein.

Von diesem Grundsatz gibt es einige wenige Ausnahmen. Zusätzlich zum Regelbedarf übernimmt das Jobcenter die notwendigen Kosten für

- Erstausstattung für eine Wohnung einschließlich Haushaltsgeräten
- Erstausstattung für Bekleidung und Erstausstattung bei Schwangerschaft und Geburt
- Anschaffung und Reparatur von orthopädischen Schuhen, Reparaturen von therapeutischen Geräten und Ausrüstungen, Miete von therapeutischen Geräten.

Eine Erstausstattung für die Wohnung kann erforderlich sein wegen eines Wohnungsbrandes oder Diebstahls. Hier sind zunächst Versicherungen in Anspruch zu nehmen. Die Notwendigkeit kann sich aber auch ergeben nach einer Trennung, nach Entlassung aus einer Haft oder nach Obdachlosigkeit.

Die Erstausstattung bei Schwangerschaft und Geburt umfasst neben Schwangerschaftskleidung auch Kinderbett und Kinderwagen. Wurde bereits in den letzten zwei bis drei Jahren ein Kind geboren, geht das Jobcenter davon aus, dass noch brauchbare Gegenstände vorhanden sind.

Bei den orthopädischen Schuhen und therapeutischen Hilfsmitteln sind zunächst die Leistungen der Krankenkasse in Anspruch zu nehmen. Nur soweit diese die notwendigen Bedarfe nicht deckt, übernimmt das Jobcenter den restlichen Bedarf.

Diese einmaligen Leistungen erhalten auch Personen, die nicht im laufenden Bezug von Bürgergeld stehen, aber die Anschaffung nicht finanzieren können. Bei ihnen wird allerdings nicht nur das Einkommen des laufenden Monats angerechnet, sondern auch das Einkommen weiterer sechs Monate. Es wird also auf den Bedarf das Einkommen von insgesamt sieben Monaten angerechnet.

5. Beiträge zur Kranken- und Pflegeversicherung

Rechtsgrundlage: § 26 SGB 2

Empfänger*innen von Bürgergeld sind **pflichtversichert** in der gesetzlichen Kranken- und Pflegeversicherung. Sie können bei ihrer Kasse bleiben. Das Jobcenter übernimmt den Beitrag.

Dies gilt aber nur bei laufendem Bezug von Bürgergeld. Bezieher*innen von Bürgergeld als Darlehen oder als einmalige Leistung, müssen sich selbst weiter versichern. Sie erhalten den Beitrag aber erstattet, wenn sie ihn nicht aus eigenem Einkommen oder Vermögen zahlen können.

Eine **Familienversicherung** über die Eltern bleibt für Kinder unter 15 Jahren und auch für ältere Kinder, die wegen einer Behinderung nicht erwerbsfähig sind, bestehen.

Wer als Arbeitnehmer **ergänzendes Bürgergeld** zu seinem Arbeitseinkommen erhält, ist bereits durch die Erwerbstätigkeit versichert. Daran ändert sich durch das ergänzende Bürgergeld nichts.

Wer vor Bezug des Bürgergeldes nicht in der gesetzlichen Kranken- und Pflegeversicherung versichert war, sondern in einer **privaten Versicherung,** kann in dieser Versicherung bleiben. Das Jobcenter erstattet die entsprechenden Beiträge – allerdings nicht in voller Höhe.

⚠ ACHTUNG

Erstattet wird nur der halbe Beitrag für den sogenannten Basistarif in der privaten Krankenversicherung. Erstattet werden auch nicht die Beiträge zu privaten Zusatzversicherungen. Deshalb sollte unbedingt die private Versicherung über den Bezug von Bürgergeld informiert und ein Wechsel in den Basistarif beantragt werden. Die Leistungen im Basistarif der privaten Krankenversicherung entsprechen den Leistungen der gesetzlichen Krankenversicherung.

Auch in der privaten Pflegeversicherung sind Beitrag und Beitragszuschuss für Empfänger*innen von Bürgergeld begrenzt.

Wer seinen Lebensunterhalt aus eigenem Einkommen und Vermögen bestreiten kann, aber den Beitrag zur Kranken- und Pflegeversicherung nicht bezahlen kann, erhält vom Jobcenter einen Zuschuss zu den Beiträgen. Die Höhe richtet sich danach, wieviel Geld nach Berechnung der sonstigen Lebensunterhaltskosten noch fehlt. Auch in diesen Fällen ist der Zuschuss zu den Beiträgen der privaten Kranken- und Pflegeversicherung auf die für Empfänger*innen von Bürgergeld begrenzten Beträge eingeschränkt.

Das Jobcenter zahlt die erforderlichen Zuschüsse direkt an die jeweiligen Versicherungen.

6. Bedarfe für Bildung und Teilhabe

Rechtsgrundlage: §§ 28 – 30 SGB 2

Kinder und Jugendliche **bis zum Alter von 24 Jahren** haben Anspruch auf zusätzliche Leistungen zur Förderung ihrer Bildung und ihrer Teilhabe am Leben in der Gemeinschaft.

Voraussetzung ist, dass
- sie einer **Bedarfsgemeinschaft** angehören, die Bürgergeld bezieht oder unter Berücksichtigung der Bedarfe für Bildung und Teilhabe Bürgergeld beziehen müsste.
- sie eine **allgemeinbildende oder berufsbildende Schule** besuchen und keine Ausbildungsvergütung erhalten.

Für Bezieher*innen von Kinderzuschlag, Wohngeld, Sozialhilfe, Leistungen für Asylbewerber*innen ist nicht das Jobcenter sondern die Gemeinde- oder die Kreisverwaltung zuständig – meistens das Jugend- oder Sozialamt.

Für den **persönlichen Schulbedarf** (Hefte, Blöcke, Stifte, Malkasten. Schulranzen, Sportbeutel usw.) gibt es im ersten Schulhalbjahr 116,00 € am 1. August und für das zweite Schulhalbjahr 58,00 € am 1. Februar. Diese Leistung wird automatisch überwiesen. Die Beträge werden jedes Jahr wie der Regelbedarf der Kostenentwicklung angepasst.

Darüber hinaus gibt es verschiedene **weitere Hilfen,** die **extra beantragt** werden müssen:

Das sind die Kosten für **Schulausflüge und mehrtägige Klassenfahrten** entsprechend den Vorgaben der Schule. Für Kinder in Kindertageseinrichtungen oder in Kindertagespflege gibt es entsprechende Leistungen für Ausflüge. Die Mitteilungen von Schule oder Kita sollten dem Jobcenter vorgelegt werden.

Wenn Kinder auf eine **Schülerbeförderung** angewiesen sind, um die nächstgelegene Schule ihres Bildungsgangs erreichen zu können, werden die Kosten übernommen. Allerdings müssen vorrangig andere Zuschüsse – zum Beispiel des Kreises – in Anspruch genommen werden. Eine besondere Neigung für eine Schule mit naturwissenschaftlichem, musischem, sportlichem oder sprachlichem Profil muss vom Jobcenter beachtet werden.

Wenn Kinder eine **ergänzende Lernförderung** (Nachhilfe) benötigen, um die wesentlichen Lernziele des Schuljahres erreichen zu können, müssen die Kosten erstattet werden. Es ist nicht erforderlich, dass die Versetzung bereits gefährdet ist. Die Jobcenter verlangen üblicherweise eine Bestätigung der Klassen- oder Fachlehrer*innen.

Das Jobcenter trägt auch die Kosten der **gemeinsamen Mittagsverpflegung** in Schule, Kita oder Kindertagespflege. Bei Schülerinnen und Schülern ist wichtig, dass es sich um eine gemeinschaftliche Verpflegung handelt, die von der Schule organisiert wird.

Bis zum 18. Geburtstag erhalten Kinder und Jugendliche auf Antrag monatlich 15,00 € für **Freizeitaktivitäten**

- in den Bereichen Sport, Spiel, Kultur und Geselligkeit
- für Unterricht in künstlerischen Fächern – zum Beispiel Musikschule
- für (Ferien)Freizeiten

Es können im Einzelfall auch weitere Aufwendungen für Freizeitaktivitäten beantragt werden, wenn sonst eine Teilnahme nicht möglich wäre – zum Beispiel Fahrtkosten oder ein Musikinstrument.

 **TIPP**

Es gibt bei den verschiedenen Jobcentern ganz unterschiedliche Verfahrensabläufe bezüglich der Leistungen für Bildung und Teilhabe. Manchmal wird das Geld für eine Klassenfahrt direkt an die Schule gezahlt. Manchmal gibt es Gutscheine oder auch eine Kostenerstattung in Geld. Klären Sie deshalb vorher ab, welche Nachweise Sie bringen müssen und wie die Abwicklung erfolgt.

Manchmal wird auch ein Nachweis verlangt, dass das Geld auch dafür eingesetzt wurde, wofür es bewilligt wurde.

Notwendige Auslagen, die vorher nicht beantragt und bewilligt wurden, müssen auf Antrag auch im Nachhinein erstattet werden. Dieses Vorgehen sollte aber vermieden werden, um unnötige Konflikte zu vermeiden.

7. Sofortzuschlag für Kinder

Rechtsgrundlage: § 72 SGB 2

Bis zur Einführung der angekündigten Kindergrundsicherung erhalten **alle Kinder und Jugendlichen** einen monatlichen Sofortzuschlag in Höhe von 20,00 € monatlich. Diesen erhalten sie auch, wenn sie

- nur Leistungen für Bildung und Teilhabe bekommen
- wegen der Anrechnung von Kindergeld kein Bürgergeld bekommen.

4 Wie wird Einkommen angerechnet?

Rechtsgrundlage: §§ 11 – 11b SGB 2, Bürgergeld-Verordnung

Bürgergeld erhält nur, wer hilfsbedürftig ist, also nicht genug Einkommen und Vermögen hat, seinen notwendigen Lebensunterhalt zu finanzieren. Manche Einnahmen gelten jedoch nicht als Einkommen beim Bürgergeld. Auch gibt es Absetz- und Freibeträge. Es müssen also nicht alle Einnahmen eingesetzt werden.

Wichtig sind die folgenden Fragen:

- Was ist Einkommen?
- Welches Einkommen wird nicht angerechnet?
- Welche Absetz- und Freibeträge gibt es?
- Wie wird das Einkommen angerechnet?

1. Was ist Einkommen?

Einkommen sind alle Einnahmen in Geld oder Geldeswert. Dazu zählen Leistungen wie Arbeitslosengeld 1, Unterhalt, Kindergeld, Arbeitseinkommen, Zinseinnahmen, aber auch Geldgeschenke von Verwandten und anderen Personen. Auch die kostenlose Verpflegung durch einen Arbeitgeber ist Einkommen „in Geldeswert". Das gilt auch für die Gewährung von Unterkunft und Verpflegung im Rahmen eines Freiwilligendienstes.

Einkommen ist alles, was Sie während des Bezuges von Bürgergeld erhalten, und zwar ab dem Antragsmonat. Auch wenn ein Antrag erst am 15. eines Monats gestellt wird, wird das in der ersten Monatshälfte empfangene Geld als Einkommen angerechnet.

Das Geld und die Sachwerte, die im Vormonat bereits vorhanden waren, sind Vermögen. Wie dieses sich auf die Hilfsbedürftigkeit auswirkt, wird im nächsten Kapitel erläutert.

Auch wenn andere Sozialleistungen für den Lebensunterhalt wie das BAföG nur als Darlehen gezahlt werden, gelten diese Zahlungen als Einkommen.

TIPP
Anders ist es jedoch, wenn Verwandte oder Freunde mit einem Darlehen in der Not aushelfen. Hierüber sollte aber eine schriftliche Vereinbarung geschlossen werden, damit das Jobcenter erkennen kann, dass das Geld zurückgezahlt werden muss und kein Geschenk ist.

2. Welches Einkommen wird nicht angerechnet?

Die nachfolgenden Einnahmen werden nicht als Einkommen angerechnet.

- Beträge bis zu 10,00 € im Monat
- Kapitalerträge (Zinsen) bis zu 100,00 € jährlich
- Von Angehörigen für deren Pflege weiter gegebenes Pflegegeld aus der Pflegeversicherung
- Auslandsverwendungszuschlag von Soldaten
- Bestimmte Überbrückungshilfen für Zivilbeschäftigte bei NATO-Streitkräften beziehungsweise den alliierten Streitkräften in Berlin
- Bestimmte steuerfreie Leistungen des Arbeitgebers zum Inflationsausgleich
- Kindergeld, das nachweislich an nicht im Haushalt lebende Kinder weitergeleitet wird
- Einnahmen von bis zu 14jährigen Schüler*innen aus Schülerjobs
- Bestimmte Corona-Beihilfen
- Verpflegung, die nicht im Rahmen einer Erwerbstätigkeit, eines Wehr- oder Freiwilligendienstes erhalten wurde, zum Beispiel private Einladungen
- Geldgeschenke an Minderjährige anlässlich Firmung, Kommunion, Konfirmation oder vergleichbarer religiöser Feste oder zur Jugendweihe bis 3.100,00 €
- Einnahmen von Schülerinnen und Schülern bis 24 Jahren aus Ferienjobs in Höhe von 2.400,00 € jährlich
- Grundrente nach dem Bundesversorgungsgesetz und entsprechende Leistungen nach anderen Gesetzen
- Aufwandspauschalen für rechtliche Betreuer*innen von bis zu 3.000,00 € jährlich
- Aufwandsentschädigungen beziehungsweise steuerfreie Einnahmen aus ehrenamtlicher Tätigkeit oder als sogenannte Übungsleiter*innen von bis zu 3.000,00 € jährlich

- Mutterschaftsgeld
- Erbschaften – Diese gehören aber zum Vermögen.
- Schmerzensgeld
- Zweckbestimmte Einnahmen, soweit sie nicht für den Lebensunterhalt bestimmt sind. Das sind zum Beispiel Pflegeleistungen oder Blindengeld. Eine Vollständige Liste mit Erläuterungen finden Sie im Internet unter „Weisungen § 11 SGB 2" im Abschnitt 5.4
- Pflegegeld vom Jugendamt für zwei Pflegekinder, 25 % des Pflegegeldes für ein drittes Pflegekind
- Zuwendungen von einer Organisation der Freien Wohlfahrtspflege, zum Beispiel Tafeln oder Kleiderkammern, oder Motivationsprämien in einem Integrationsbetrieb
- Zuwendungen anderer Personen und Stellen, soweit die Anrechnung als Einkommen grob unbillig wäre, zum Beispiel Entschädigungen aus dem Fonds für Geschädigte der Heimerziehung oder Ehrenpreise für bürgerschaftliches Engagement
- Überbrückungsgeld für Strafgefangene

3. Welche Absetz- und Freibeträge gibt es?

Nicht das gesamte übrige Einkommen wird auf das Bürgergeld angerechnet. Vom Gesamteinkommen abzuziehen sind

- Absetzbeträge und
- Freibeträge

Der danach übrigbleibende Betrag ist das **einzusetzende Einkommen.**

Vom Einkommen abzusetzen (abzuziehen) sind

- die auf das Einkommen entrichteten Steuern (Lohnsteuer, Einkommensteuer, Kapitalertragsteuer)
- die Pflichtbeiträge zur Sozialversicherung einschließlich Arbeitslosenversicherung
- entsprechende Versicherungsbeiträge für nicht in der gesetzlichen Sozialversicherung pflichtversicherte Personen einschließlich Beiträgen für die Altersvorsorge
- Kfz-Haftpflichtversicherung (nicht Kaskoschutz)
- Berufshaftpflichtversicherung sofern vorgeschrieben
- geförderte Altersvorsorgebeiträge bis zur Höhe des Mindesteigenbetrages (zum Beispiel Riesterrente)
- Werbungskosten soweit notwendig, zum Beispiel Fahrtkosten (Kilometerpauschale nur 20 Cent; höchstens Kosten ÖPNV, wenn vorhanden), Gewerkschaftsbeiträge, doppelte Haushaltsführung, Kinderbetreuungskosten, Fachliteratur, Arbeitskleidung
- Unterhaltszahlungen, die in einem gerichtlichen, behördlichen oder notariellen Unterhaltstitel festgelegt sind
- Einkommen, das bereits bei der Berechnung von Berufsausbildungsbeihilfe oder BAföG berücksichtigt wurde

Für Versicherungsbeiträge, Altersvorsorge und Werbungskosten werden bei Erwerbstätigen pauschal 100,00 € abgesetzt, wenn sie **bis zu 400,00 € monatlich verdienen.** Bei höherem Erwerbseinkommen werden die tatsächlichen notwendigen Ausgaben anerkannt, wenn sie höher als 100,00 € monatlich sind.

Bei erwerbstätigen Personen **bis zum Alter von 24 Jahren** werden stattdessen pauschal 520,00 € monatlich abgesetzt, wenn sie

- eine nach BAföG förderungsfähige Ausbildung absolvieren
- eine nach dem Sozialgesetzbuch 3 (Arbeitsförderung) förderungsfähige Ausbildung absolvieren
- einen Jugendfreiwilligendienst oder einen Bundesfreiwilligendienst absolvieren
- als Schülerinnen oder Schüler allgemein- oder berufsbildender Schulen außerhalb der Ferien arbeiten.

Damit bleibt bei **Teilnehmer*innen an Freiwilligendiensten** mehr als das Taschengeld anrechnungsfrei.

Die 520,00 € werden erhöht, sobald der Mindestlohn von zur Zeit 12,00 die Stunde angehoben wird.

Diese Personen erhalten allerdings keinen Freibetrag aus Erwerbseinkommen bis 520,00 € – siehe nachstehend.

Bei Bezug von **Leistungen der Ausbildungsförderung** ist von diesen monatlich 100,00 € abzusetzen.

Bezieht ein Mitglied der Bedarfsgemeinschaft bereits eine **Rente** oder entsprechende Versorgungsbezüge, gibt es einen besonderen Absetzungsbetrag, wenn diese Person mindestens 33 Jahre an Grundrentenzeiten erreicht hat. Dies ist dem Rentenbescheid zu entnehmen. Der Absetzungsbetrag beträgt 100,00 € zuzüglich 30 % aus der darüber liegenden Rente, höchstens aber 251,00 €.

Für **erwerbstätige Personen** ist darüber hinaus ein **Freibetrag** abzuziehen.

Dieser beträgt
- 20 % vom Monatseinkommen zwischen 100,00 € und 520,00 €
- 30 % vom Monatseinkommen zwischen 520,00 € und 1.000,00 €
- 10 % vom Monatseinkommen zwischen 1.000,00 € und 1.200,00 €

Die Höchstgrenze von 1.200,00 € steigt auf 1.500,00 €, wenn die erwerbstätige Person mit einem minderjährigen Kind in einer Bedarfsgemeinschaft lebt oder ein minderjähriges Kind hat, mit dem sie nicht zusammenlebt.

Der Freibetrag wird nach dem **Bruttoerwerbseinkommen** berechnet. Das ist bei angestellten Beschäftigten das sogenannte **Arbeitnehmerbrutto** vor Abzug von Steuern und Sozialversicherungsbeiträgen. Bei Selbständigen ist es der erzielte **Überschuss.**

BEISPIEL

Der alleinstehende Herr Krause verdient monatlich brutto 900,00 €. Er wohnt in einer Wohnung mit 30 Quadratmetern. Die Warmmiete beträgt monatlich 350,00 €.

Der Freibetrag für den Einkommensteil zwischen 100,00 € und 520,00 € beträgt 20 % aus 420,00 €, also 84,00 €.

Der Freibetrag für den Einkommensteil zwischen 520,00 € und 900,00 € beträgt 30 % aus 380,00 €, also 114,00 €.

Der Freibetrag beträgt also insgesamt 84,00 € und 114,00 €, also 198,00 €.

Insgesamt sieht die Rechnung wie folgt aus:

Bruttomonatsgehalt	**900,00 €**
./. Lohnsteuer 0;00 €, da unter Steuerfreigrenze	0,00 €
./. Sozialversicherung	183,83 €
./. Pauschale für Versicherung, Werbungskosten etc.	100,00 €
./. Freibetrag aus Erwerbseinkommen	198,00 €
= Einzusetzendes Einkommen	**418,17 €**

Bedarf Bürgergeld	
+ Regelbedarf	502,00 €
+ Warmmiete	350,00 €
= Gesamtbedarf	**852,00 €**
./. Abzüglich einzusetzendes Einkommen	418,17 €
= Anspruch auf Bürgergeld	**433,83 €**

BEISPIEL

Der alleinstehende Herr Krause verdient monatlich brutto 2.200,00 €. Er wohnt in einer Wohnung mit 30 Quadratmetern. Die Warmmiete beträgt monatlich 350,00 €. Aus einer früheren Beziehung hat er ein minderjähriges Kind, das bei der Mutter lebt. Aufgrund eines vom Jugendamt aufgesetzten Unterhaltstitels zahlt er dem Kind monatlich 500,00 € Unterhalt.

Der Freibetrag für den Einkommensteil zwischen 100,00 € und 520,00 € beträgt 20 % aus 420,00 €, also 84,00 €

Der Freibetrag aus dem Einkommensteil zwischen 520,00 € und 1.000,00 € beträgt 30 % aus 480,00 €, also 144,00 €.

Der Freibetrag aus dem Einkommensteil zwischen 1.000,00 € und 1.500,00 € (wegen des minderjährigen Kindes nicht 1.200,00 €) beträgt 10 % aus 500,00 €, also 50,00 €.

Der Freibetrag beträgt also insgesamt 84,00 € und 144,00 € und 50,00 €, also 278,00 €.

Insgesamt sieht die Rechnung wie folgt aus:

Bruttomonatsgehalt	**2.200,00 €**
./. Lohnsteuer	166,50 €
./. Sozialversicherung	449,35 €
./. Pauschale für Versicherung, Werbungskosten etc	100.00 €
./. Unterhalt	500,00 €
./. Freibetrag aus Erwerbseinkommen	278,00 €
= einzusetzendes Einkommen	**706,15 €**
Bedarf Bürgergeld	
+ Regelbedarf	502,00 €
+ Warmmiete	350,00 €
= Gesamtbedarf	**852,00 €**
./. Abzüglich einzusetzendes Einkommen	706,15 €
= Anspruch auf Bürgergeld	**145,85 €**

Auch wenn das Kind zum Beispiel an Wochenenden bei Herrn Krause ist, erhält er nicht den Mehrbedarf für Alleinerziehende, weil das Kind überwiegend bei der Mutter lebt.

4. Wie wird das Einkommen angerechnet?

Einkommen wird immer in dem Monat angerechnet, in dem es zufließt – also in bar oder auf dem Konto zur Verfügung steht.

BEISPIEL

Herr Krause erhält sein Gehalt für Oktober am 20. Oktober. Dann wird das Gehalt auf den Bedarf für Oktober angerechnet.

Wenn Herr Krause sein Gehalt für Oktober erst im November erhält, dann wird es erst auf den Bedarf für November angerechnet. Hatte er im Oktober kein Einkommen, wird für Oktober das Bürgergeld ohne Anrechnung von Einkommen ausgezahlt.

Auch **einmalige Einnahmen** – zum Beispiel Steuererstattungen – sind im Monat des Zuflusses als Einkommen anzurechnen. Wenn durch einen hohen Betrag die Hilfebedürftigkeit entfällt, gibt es kein Bürgergeld.

Wenn es sich um eine **Nachzahlung** handelt, gibt es eine Besonderheit. Wenn sie so hoch ist, dass die Bedürftigkeit entfällt, wird die Nachzahlung als Einkommen auf sechs Monate verteilt.

Für andere **hohe Einmalzahlungen** gilt dies seit dem 1. Juli 2023 nicht mehr.

BEISPIEL

Im vorletzten Beispiel oben hatte Herr Krause einen Anspruch auf Bürgergeld in Höhe von 433,83 €.

Erhält er eine Nachzahlung auf sein Gehalt von 200,00 €, wird diese einmalige Zahlung vollständig auf den Bedarf angerechnet. Er erhält in diesem Monat nur 233,83 € Bürgergeld.

Erhält er eine Nachzahlung von 600,00 €, würde sein Anspruch auf Bürgergeld entfallen. Deshalb werden diese 600,00 € auf sechs Monate verteilt (6 × 100,00 €). Er erhält also sechs Monate lang nur 333,83 € Bürgergeld.

Handelt es sich nicht um eine Nachzahlung, sondern um ein Geldgeschenk von 600,00 €, werden sie voll auf die 433,83 € angerechnet. Herr Krause erhält also in einem Monat kein Bürgergeld. Die übrigen 166,17 € werden nicht als Einkommen angerechnet. Sie werden dem Vermögen zugerechnet.

Kinderzuschlag und **Kindergeld** fließen normalerweise den Eltern zu. Sie sind aber als Einkommen der Kinder anzurechnen. Nur wenn sie dadurch mehr Geld hätten, als sie zum Lebensunterhalt benötigen, gilt der nicht benötigte Rest als Einkommen der Eltern. Leben Kinder nicht im Haushalt der Eltern – zum Beispiel in einer Einrichtung der Erziehungshilfe, wird das Kindergeld nicht als Einkommen der Eltern angerechnet, wenn sie es nachweislich an die Kinder beziehungsweise die Einrichtung weitergeben.

Einkommen wird in einer **Bedarfsgemeinschaft** immer der Person zugerechnet, der es zusteht. Dies gilt auch dann, wenn Eheleute ein gemeinsames Konto haben. Das ist für die Ermittlung der Absetz- und Freibeträge wichtig. Bei der Prüfung, ob trotz Einkommens ein Anspruch auf Bürgergeld besteht, wird allerdings das Einkommen beider Partner zusammengerechnet. Es wird auch auf den Bedarf der in der Bedarfsgemeinschaft lebenden unverheirateten Kinder angerechnet. Dies gilt auch gegenüber Stiefkindern.

⚠ ACHTUNG

Das Einkommen der Kinder wird aber nicht auf den Bedarf der Eltern angerechnet. Hat ein Kind mehr Einkommen, als es für den eigenen Lebensunterhalt benötigt, scheidet es aus der Bedarfsgemeinschaft aus.

Diese Situation kann eintreten, wenn für das Kind Unterhalt gezahlt wird.

BEISPIEL

Die Eheleute Krause leben mit ihren beiden Kindern zusammen. Simone ist 3 Jahre alt, Sebastian 7 Jahre. Sie leben in einer Wohnung mit 80 Quadratmetern. Die Warmmiete beträgt 1.000,00 €.

	Regelbedarf	Miete	Gesamtbedarf
Herr Krause	451,00 €	250,00 €	701,00 €
Frau Krause	451,00 €	250,00 €	701,00 €
Sebastian	348,00 €	250,00 €	598,00 €
Simone	318,00 €	250,00 €	568,00 €

Sebastian ist nicht das Kind von Herrn Krause, sondern stammt aus einer früheren Beziehung von Frau Krause. Der Kindsvater zahlt monatlich 500,00 € Unterhalt. Außerdem wird auf Sebastians Bedarf das Kindergeld von 250,00 € angerechnet.

Sebastian hat also 750,00 € Einkommen und einen Gesamtbedarf von 598,00 €. Er ist nicht bedürftig und erhält kein Bürgergeld.

Allerdings wird in diesem Fall der Teil des Kindergeldes, den Sebastian nicht benötigt, als Einkommen der Eltern angerechnet. Das sind 152,00 €.

BEISPIEL

Nehmen wir an, Sebastian ist bereits 17 Jahre alt und erhält keinen Unterhalt mehr, dafür aber eine Ausbildungsvergütung, von der monatlich 750,00 € auf das Bürgergeld anzurechnen sind.

Sein Regelbedarf beträgt nun 420,00 €, sein Gesamtbedarf mit dem Mietanteil also 670,00 €.

Da das anzurechnende Einkommen aus der Ausbildungsvergütung den Gesamtbedarf um 80,00 € übersteigt, erhält Sebastian kein Bürgergeld. Er gehört nicht mehr zur Bedarfsgemeinschaft seiner Eltern. Die 80,00 € werden nicht auf den Bedarf der Eltern oder seiner Schwester angerechnet. Da er allerdings das Kindergeld nicht zur Deckung seines Bedarfs benötigt, wird es vollständig als Einkommen der Eltern angerechnet.

Diese Beispiele haben gezeigt, dass bei der Einkommensanrechnung viele unterschiedliche Regelungen zu beachten sind. Dazu gehört auch die Regelung, dass der aus eigenem Einkommen (und Vermögen) nicht gedeckte Bedarf auf die Personen der Bedarfsgemeinschaft zu verteilen ist. Das führt dazu, dass jemand als bedürftig gilt, wenn er zwar genug Einkommen zur Deckung seines eigenen Lebensunterhaltes hat, dieses Einkommen aber nicht reicht, den Bedarf aller Personen in der Bedarfsgemeinschaft zu decken. Das verfügbare Einkommen wird dann entsprechend dem Anteil am Bedarf aufgeteilt.

BEISPIEL

Die Eheleute Krause leben mit ihren beiden Kindern zusammen. Simone ist 3 Jahre alt, Sebastian 7 Jahre. Sie leben in einer Wohnung mit 80 Quadratmetern. Die Warmmiete beträgt 1.000,00 €.

Herr Krause verdient in einem Minijob 400,00 € monatlich. Frau Krause verdient monatlich 2.000,00 € brutto.

Für jedes Kind erhalten sie 250,00 € Kindergeld.

Sebastian ist nicht das Kind von Herrn Krause, sondern stammt aus einer früheren Beziehung von Frau Krause. Der Kindsvater zahlt monatlich 500,00 € Unterhalt.

Bedarfe	Herr Krause	Frau Krause	Sebastian	Simone	Gesamt
Regelbedarf in €	451,00	451,00	348,00	318,00	1.568,00
Miete	250,00	250,00	250,00	250,00	1.000,00
Summe	701,00	701,00	598,00	568,00	2.568,00

Einkommen	Herr Krause	Frau Krause	Sebastian	Simone	Gesamt
Kindergeld			250,00	250,00	500,00
Unterhalt			500,00		500,00
Minijob	400,00				400,00
Berufstätigkeit		2.000,00			2.000,00
./. Steuern und Sozialvers.		401,50			401,50
./. Pauschale für Versicherung, Werbungskosten	100,00	100,00			200,00
./. Freibetrag	60,00[1]	278,00[2]			338,00
anzurechnen	240,00	1.220,50	750,00	250,00	2.460,50

Da Sebastians Bedarfe durch das bei ihm angerechnete Einkommen aus Unterhalt und Kindergeld gedeckt sind, benötigt er nicht das gesamte Kindergeld und gehört nicht zur Bedarfsgemeinschaft. Die 152,00 €, die vom Kindergeld übrig sind, werden nun noch als Einkommen der Eltern angerechnet. Sebastian erhält aber monatlich 20,00 € Sofortzuschlag – siehe oben Kapitel 3 Abschnitt 7.

[1] 20 % aus dem Einkommen zwischen 100,00 € und 400,00 € = 20 % aus 300,00 € = 60,00 €

[2] 20 % aus dem Einkommen zwischen 100,00 € und 520,00 € = 20 % aus 420,00 € = 84,00 € zuzüglich 30 % aus dem Einkommen zwischen 520,00 € und 1.000,00 € = 30 % aus 480,00 € = 144,00 €, zuzüglich 10 % aus dem Einkommen zwischen 1.000,00 € und 1.500,00 € = 50,00 €, insgesamt also 278,00 €

Einkommen	Herr Krause	Frau Krause	~~Sebastian~~	Simone	Gesamt
Kindergeld	76,00	76,00	~~250,00~~	250,00	402,00
Unterhalt			~~500,00~~		~~500,00~~
Minijob	400,00				400,00
Berufstätigkeit		2.000,00			2.000,00
./. Steuern und Sozialvers.		401,50			401,50
./. Pauschale für Versicherung, Werbungskosten	100,00	100,00			200,00
./. Freibetrag	60,00[3]	278,00[4]			338,00
anzurechnen	240,00	1.220,50	~~750,00~~	250,00	1.710,50

Nun könnte man meinen, Frau Krause sei wegen des eigenen Einkommens nicht hilfebedürftig und scheide ebenfalls aus der Bedarfsgemeinschaft aus. Das ist aber nicht so. Das gilt nämlich nur für die unverheirateten Kinder in der Bedarfsgemeinschaft.

Wenn das in der Bedarfsgemeinschaft verfügbare anzurechnende Einkommen nicht für alle reicht, wird es in dem Verhältnis auf die Personen der Bedarfsgemeinschaft verteilt, das ihrem Verhältnis am Gesamtbedarf entspricht. Maßgeblich ist in unserem Beispiel nur noch die Bedarfsgemeinschaft aus den Eheleuten Krause und ihrer Tochter Simone. Dabei ist zu beachten, dass das Einkommen des Kindes nicht für die Eltern eingesetzt werden darf, es sei denn, es wäre überschüssiges Kindergeld.

Bedarfe	Herr Krause	Frau Krause	~~Sebastian~~	Simone	Gesamt
Regelbedarf	451,00	451,00	~~348,00~~	318,00	1.220,00
Miete	250,00	250,00	~~250,00~~	250,00	750,00
Zwischensumme	701,00	701,00		568,00	1.970,00
./ Einkommen des Kindes aus Kindergeld				250,00	
Gesamtbedarf	701,00	701,00	~~598,00~~	318,00	1.720,00
Anteile in %	40,76 %	40,76 %		18,48 %	100,00 %
./. Verteilung des anrechenbaren Einkommens der Eheleute Krause (1.460,50 €)	595,30 40,76 %	595,30 40,76 %		269,90 18,48 %	1.460,50 100,00 %
Bürgergeld	**105,70**	**105,70**		**48,10**	**259,50**

Die Eheleute Krause erhalten also jeweils 105,70 €, ihre Tochter Simone 48,10 € zuzüglich 20,00 € Sofortzuschlag. Sebastian erhält 20,00 € Sofortzuschlag.

Mögliche Ansprüche auf Leistungen für Bildung und Teilhabe wurden zur Vereinfachung außer Acht gelassen.

3 20 % aus dem Einkommen zwischen 100,00 € und 400,00 € = 20 % aus 300,00 € = 60,00 €

4 20 % aus dem Einkommen zwischen 100,00 € und 520,00 € = 20 % aus 420,00 € = 84,00 € zuzüglich 30 % aus dem Einkommen zischen 520,00 € und 1.000,00 € = 30 % aus 480,00 € = 144,00 €, zuzüglich 10 % aus dem Einkommen zwischen 1.000,00 € und 1.500,00 € = 50,00 €, insgesamt also 278,00 €

⚠ ACHTUNG

Nicht alle Personen, die in einem Haushalt zusammenleben, bilden eine Bedarfsgemeinschaft, sondern eine Haushaltsgemeinschaft oder eine Wohngemeinschaft.

Eine **Wohngemeinschaft** wird von Personen gebildet, die

- nicht miteinander verwandt oder verschwägert sind und
- auch nicht füreinander einstehen wollen („kein Wirtschaften aus einem Topf")

Hier wird jede Person allein für sich betrachtet.

BEISPIEL

Die Auszubildenden Ahmed, Lina und Markus mieten gemeinsam eine Wohnung, um Mietkosten zu sparen.

Sie sind eine Wohngemeinschaft. Jede Person ist als alleinstehend zu behandeln. Jede*r hat einen Regelbedarf von 502,00 zuzüglich 1/3 der Mietkosten.

Das Einkommen und Vermögen müssen nicht für andere eingesetzt werden.

Wenn aber nun Ahmed und Markus ein Paar werden, egal ob verheiratet oder „eheähnlich", bilden sie eine Bedarfsgemeinschaft. Sie erhalten nur noch einen Regelbedarf von jeweils 451,00 € und gemeinsam 2/3 der Wohnkosten. Sie müssen ihr Einkommen und Vermögen füreinander einsetzen. Lina wird weiterhin als alleinstehend behandelt.

Eine **Haushaltsgemeinschaft** ist eine Gemeinschaft von Verwandten oder Verschwägerten.

Verwandte stammen voneinander ab (Eltern, Kinder ab 25, Großeltern, Enkel) oder stammen von derselben Person ab (Geschwister, Nichte und Tante, wenn die Tante eine Schwester der Mutter oder des Vaters ist).

Verschwägerte sind durch Heirat oder Partnerschaft miteinander verbunden (Stiefeltern, Stiefkinder, Schwiegereltern, Schwiegerkinder).

Es wird vermutet, dass Personen in einer Haushaltsgemeinschaft sich gegenseitig unterstützen, soweit das nach ihrem Einkommen und Vermögen erwartet werden kann.

Das Jobcenter nimmt hierzu eine pauschale Berechnung vor. Es geht davon aus, dass erwerbstätige Verwandte oder Verschwägerte

- den doppelten Regelbedarf für Alleinstehende (2 × 502,00 €)
- den Regelbedarf für weitere Personen einer Bedarfsgemeinschaft
- die Wohnkosten

für sich verwenden. Es geht weiterhin davon aus, dass vom dann noch verbleibenden Einkommen die Hälfte an weitere Personen in der Haushaltsgemeinschaft gegeben wird.

BEISPIEL

Herr Krause lebt mit Ehefrau und der 14jährigen Tochter in einem Haus mit 120 Quadratmetern Wohnfläche. Die Warmmiete beträgt monatlich 1.200,00 €. Das im Rahmen des Bürgergeldes bereinigte Einkommen von Herrn Krause beträgt 3.500.00 €, das Kindergeld für die Tochter 250,00 €.

Sie nehmen die 27jährige Nichte von Herrn Krause, die auf Arbeitsuche ist, in ihr Haus auf. Eine Beteiligung an der Miete verlangen sie nicht.

Die Nichte hat also einen Regelbedarf von 502,00 € monatlich, da sie keine Wohnkosten, aber auch keine Einnahmen hat.

Das Jobcenter rechnet nun wie folgt

Anzurechnendes Einkommen Herr Krause	3.500,00 €
./. doppelter Regelbedarf Alleinstehende	1.004,00 €
./. Regelbedarf Ehefrau	451,00 €
./. Regelbedarf Tochter (abzüglich Kindergeld)	
420,00 € ./. 250,00 €	170,00 €
./. Warmmiete	1.200,00 €
Restbetrag	675,00 €

Das Jobcenter vermutet, dass hiervon die Hälfte – also 337,50 € – für die Nichte eingesetzt wird.

Dieser Betrag wird von ihrem Bedarf (502,00 €) abgezogen. Die Nichte erhält also monatlich 164,50 € Bürgergeld.

 **TIPP**

Es handelt sich hier nur um eine Vermutung. Wenn die tatsächliche Situation anders ist, sollten Sie dies dem Jobcenter unbedingt darlegen.

5 Wie wird Vermögen angerechnet?

Rechtsgrundlage: §§ 12 SGB 2

Nicht nur Einkommen ist beim Bürgergeld einzusetzen, sondern auch Vermögen. Hier geht es um diese Fragen:

- Was ist Vermögen?
- Gibt es geschütztes oder geschontes Vermögen?
- Was heißt Karenzzeit für den Vermögenseinsatz?
- Wie funktioniert der Einsatz von Vermögen?

1. Was ist Vermögen?

Während Einkommen alles ist, was hinzukommt, ist Vermögen alles, was schon da ist: Bargeld, Bankguthaben, Wertpapiere, Haus, Eigentumswohnung, Forderungen, Schmuck, Bücher, Hausrat, Auto, Kleidung und so weiter.

Für das Bürgergeld von Bedeutung ist nur **verwertbares Vermögen.** Die Gegenstände müssen also überhaupt „zu Geld gemacht werden können".

Nicht verwertbar ist Vermögen, das

- keinen Verkaufswert hat
- nicht verkauft werden darf, weil es zum Beispiel verpfändet wurde
- nicht verkauft werden kann, weil gar nicht darüber verfügt werden kann – zum Beispiel Anwartschaften auf eine betriebliche Altersversorgung.

2. Gibt es geschütztes oder geschontes Vermögen?

Nicht als Vermögen zu berücksichtigen sind

- Gegenstände, die zu Ausbildung oder **Berufsausübung** benötigt werden
- angemessener **Hausrat**, soweit es sich nicht um Luxusgegenstände handelt
- ein angemessenes **Kraftfahrzeug** für jede in der Bedarfsgemeinschaft lebende erwerbsfähige Person. Die Angemessenheit wird vermutet. Eine Wertgrenze gibt es im Gesetz nicht mehr. Die Jobcenter halten aber einen Wert von 15.000,00 € für angemessen
- für die **Altersvorsorge** bestimmte Versicherungsverträge und andere Formen der Altersvorsorge, wenn sie nach Bundesrecht ausdrücklich als Altersvorsorge gefördert werden
- weitere Vermögenswerte für die Altersvorsorge für jedes angefangene Jahr **hauptberuflicher Selbständigkeit,** für das keine Beiträge in die gesetzliche Rentenversicherung oder berufsständische Versorgungswerke eingezahlt wurden. Derzeit wird eine jährliche Ansparleistung von etwa 8.000,00 € als erforderlich angesehen.
- Ein selbstgenutztes **Hausgrundstück** von bis zu 140 Quadratmetern Wohnfläche oder eine selbst genutzte **Eigentumswohnung** von bis zu 130 Quadratmetern Wohnfläche. Bei aktuell mehr als 4 Bewohner*innen erhöht sich die Wohnfläche je Person um 20 Quadratmeter. Eine Festlegung zur Grundstücksgröße oder zum Wert der Immobilie gibt es nicht.
- Vermögen, das nachweislich zur baldigen Beschaffung einer entsprechenden Immobilie für **behinderte oder pflegebedürftige Personen** eingesetzt werden soll, wenn die Verwertung des Vermögens diesen Zweck gefährden würde
- Sachen und Rechte, deren Verwertung eine besondere Härte bedeuten würde. Das können zum Beispiel besondere Familien- und Erbstücke oder auch einzelne Kunstwerke oder Musikinstrumente sein.

Darüber hinaus gibt es für jede Person in der Bedarfsgemeinschaft einen **Vermögensfreibetrag von 15.000,00 €.** Nicht ausgeschöpfte Freibeträge einzelner Personen werden auf die anderen Personen übertragen. Es gibt also praktisch einen Gesamtfreibetrag von 15.000,00 € × Anzahl der Personen.

BEISPIEL

Familie Krause hat mit den beiden Kindern also einen Freibetrag von 60.000,00 €. Wenn Sebastian wegen seines eigenen Einkommens nicht zur Bedarfsgemeinschaft zählt, hat er einen Freibetrag von 15.000,00 € und die Bedarfsgemeinschaft aus den anderen drei Personen einen Freibetrag von insgesamt 45.000,00 €.

3. Was heißt Karenzzeit für den Vermögenseinsatz?

Wie auch bei den Kosten der Unterkunft gibt es für den Einsatz des Vermögens eine Karenzzeit. Die Karenzzeit beträgt ein Jahr ab dem erstmaligen Bezug von Bürgergeld beziehungsweise Arbeitslosengeld 2. Werden in dieser Zeit für mindestens einen vollen Monat keine Leistungen bezogen, verlängert sich die Karenzzeit um die vollen Monate ohne Leistungsbezug. Eine neue Karenzzeit beginnt, wenn mindestens drei Jahre kein Bürgergeld beziehungsweise Arbeitslosengeld 2 und auch kein Geld vom Sozialamt bezogen wurde.

BEISPIEL

Der Anspruch auf Bürgergeld beginnt am 1. Okt. 2023. Die Karenzzeit endet am 30. Sept. 2024.

Vom 1. Jan. 2024 bis 30. April 2024 werden keine Leistungen bezogen. Das sind vier volle Monate. Die Karenzzeit verlängert sich um diese vier Monate bis zum 31. Jan. 2025.

In der Karenzzeit wird Vermögen nur berücksichtigt, wenn es **erheblich** ist. Es ist erheblich, wenn es für die leistungsberechtigte Person 40.000,00 € übersteigt. Für jede weitere Person in der Bedarfsgemeinschaft kommen jeweils 15.000,00 € hinzu.

BEISPIEL

Das Vermögen der Familie Krause ist erheblich, wenn es 85.000,00 € übersteigt: eine Person 40.000,00 € und drei Personen jeweils 15.000,00 €.

Während der Karenzzeit muss natürlich das oben aufgelistete nicht zu berücksichtigende Vermögen auch nicht eingesetzt werden. Darüber hinaus gelten während der Karenzzeit die Wohnungsgrößen bei selbst genutztem Hausgrundstück beziehungsweise selbst genutzter Eigentumswohnung nicht.

Die Karenzzeit gilt nicht, wenn ein **Hilfebedarf nur für einen Monat** besteht. Das kann zum Beispiel der Fall sein, wenn eine hohe Nachzahlung auf die Heiz- und Nebenkosten zu leisten ist. Die oben in Abschnitt 2 aufgeführten Vermögensfreibeträge gelten jedoch.

4. Wie funktioniert der Vermögenseinsatz?

Das Jobcenter fragt im Antrag ab, ob und welches Vermögen vorhanden ist. Das nicht zu berücksichtigende Vermögen bleibt außer Betrachtung. Beim übrigen (zu berücksichtigenden) Vermögen wird der Verkehrswert ermittelt. Das ist der Betrag, zu dem der Vermögensgegenstand üblicherweise gehandelt wird, ohne ihn völlig unter Wert zu verschleudern.

Wer **zu viel Vermögen** hat, bekommt kein Bürgergeld. Erst wenn das Vermögen so weit verbraucht ist, dass nur noch geschütztes Vermögen vorhanden ist, besteht ein Anspruch auf Bürgergeld. Das Jobcenter darf nicht vorschreiben, wie lange das Vermögen reichen muss.

⚠ **ACHTUNG**

Wenn Sie das nicht geschützte Vermögen sehr schnell verbrauchen, kann das Jobcenter Ihnen vorwerfen, Ihre Hilfebedürftigkeit mutwillig herbeigeführt zu haben. Das kann eine Pflichtverletzung sein und zu einer Leistungskürzung führen. Sie sollten deshalb notwendige Ausgaben für zum Beispiel Haushaltsgeräte, ein Kraftfahrzeug, eine Wohnungsrenovierung oder Aus- und Fortbildung dokumentieren und die Belege aufbewahren.

Wer zu viel Vermögen hat, das er aber **nicht sofort verwerten** kann, ist hilfebedürftig und hat Anspruch auf Bürgergeld. Das kann zum Beispiel der Fall sein, wenn das selbst genutzte Haus zu groß ist, aber nicht so schnell verkauft werden kann. Das Bürgergeld wird dann als Darlehen gezahlt.

6 Wie wird die Berufstätigkeit gefördert?

Rechtsgrundlage: §§ 14 – 17 SGB 2

Das Bürgergeld soll den notwendigen Lebensunterhalt derjenigen erwerbsfähigen Menschen sichern, die nicht genug Geld für sich und ihre Bedarfsgemeinschaft haben. Dies soll aber möglichst nur vorübergehend erforderlich sein.

Vorrangig geht es darum, den erwerbsfähigen Menschen, dazu zu verhelfen, genügend Geld zu verdienen, um nicht abhängig vom Bürgergeld zu sein. Dazu wird die Aufnahme oder Wiederaufnahme einer Erwerbstätigkeit gefördert und auch die Qualifizierung, um eine besser bezahlte Tätigkeit finden zu können.

Alle erwerbsfähigen Personen müssen ihre **Arbeitskraft** zur Beschaffung des Lebensunterhalts für sich und die mit ihnen in Bedarfsgemeinschaft lebenden Personen **einsetzen.**

Das sagt der Gesetzgeber in § 10 SGB 2 zur **Zumutbarkeit von Arbeit:**

„(1) Einer erwerbsfähigen leistungsberechtigten Person ist jede Arbeit zumutbar, es sei denn, dass
1. sie zu der bestimmten Arbeit körperlich, geistig oder seelisch nicht in der Lage ist,
2. die Ausübung der Arbeit die künftige Ausübung der bisherigen überwiegenden Arbeit wesentlich erschweren würde, weil die bisherige Tätigkeit besondere körperliche Anforderungen stellt,
3. die Ausübung der Arbeit die Erziehung ihres Kindes oder des Kindes ihrer Partnerin oder ihres Partners gefährden würde; die Erziehung eines Kindes, das das dritte Lebensjahr vollendet hat, ist in der Regel nicht gefährdet, soweit die Betreuung in einer Tageseinrichtung oder in Tagespflege im Sinne der Vorschriften des Achten Buches oder auf sonstige Weise sichergestellt ist; die zuständigen kommunalen Träger sollen darauf hinwirken, dass erwerbsfähigen Erziehenden vorrangig ein Platz zur Tagesbetreuung des Kindes angeboten wird,
4. die Ausübung der Arbeit mit der Pflege einer oder eines Angehörigen nicht vereinbar wäre und die Pflege nicht auf andere Weise sichergestellt werden kann,
5. der Ausübung der Arbeit ein sonstiger wichtiger Grund entgegensteht.

(2) Eine Arbeit ist nicht allein deshalb unzumutbar, weil
1. sie nicht einer früheren beruflichen Tätigkeit entspricht, für die die erwerbsfähige leistungsberechtigte Person ausgebildet ist oder die früher ausgeübt wurde,
2. sie im Hinblick auf die Ausbildung der erwerbsfähigen leistungsberechtigten Person als geringerwertig anzusehen ist,
3. der Beschäftigungsort vom Wohnort der erwerbsfähigen leistungsberechtigten Person weiter entfernt ist als ein früherer Beschäftigungs- oder Ausbildungsort,
4. die Arbeitsbedingungen ungünstiger sind als bei den bisherigen Beschäftigungen der erwerbsfähigen leistungsberechtigten Person,
5. sie mit der Beendigung einer Erwerbstätigkeit verbunden ist, es sei denn, es liegen begründete Anhaltspunkte vor, dass durch die bisherige Tätigkeit künftig die Hilfebedürftigkeit beendet werden kann.

Diese strengen Anforderungen gelten auch für die Teilnahme an Qualifizierungsmaßnahmen.

Nach der Beantragung von Bürgergeld soll es möglichst schnell ein **Beratungsgespräch** geben, in dem die Fähigkeiten und die Beschäftigungschancen der erwerbsfähigen Personen ermittelt werden. Es soll dann sofort ein **Kooperationsplan** erstellt werden, in dem die nötigen Eingliederungsleistungen des Jobcenters aber auch die eigenen Bemühungen der Leistungsberechtigten aufgeschrieben werden. Eigene Bemühungen können zum Beispiel Bewerbungen sein. Besonderer Wert wird auf Sprachförderung gelegt.

Der Kooperationsplan ist zunächst ein Angebot des Jobcenters. Wenn Jobcenter und Leistungsberechtigte unterschiedliche Auffassungen zum Inhalt des Kooperationsplanes haben, gibt es ein Schlichtungsverfahren.

⚠ ACHTUNG

Wer an der Erstellung eines Kooperationsplanes nicht mitwirkt oder den Kooperationsplan nicht einhält, läuft Gefahr, dass sein Bürgergeld gekürzt wird

Deshalb ist es wichtig, sich den Vorschlag des Jobcenters für einen Kooperationsplan ganz genau anzuschauen. Ebenso genau sollte dem Jobcenter mitgeteilt werden, welche Teile des Kooperationsplanes funktionieren werden und welche nicht – natürlich mit Begründung. Wer sich nicht so gut ausdrücken kann, sollte eine Person seines Vertrauens mit zum Beratungsgespräch ins Jobcenter nehmen.

Der Kooperationsplan soll alle sechs Monate gemeinsam mit dem Jobcenter besprochen und bei Bedarf verändert werden.

Das Jobcenter kann **sehr viele Leistungen** anbieten, die die **Eingliederung in Arbeit** unterstützen können. es handelt sich im Wesentlichen um die gleichen Leistungen, die auch Empfänger*innen von Arbeitslosengeld 1 bekommen: Berufsberatung, Arbeitsvermittlung, Übernahme von Bewerbungskosten, Kosten für Vorstellungsgespräche, Umzugskosten, Unterstützungsmaßnahmen bei der Berufsausbildung und der Einarbeitung, Weiterbildungskosten, Weiterbildungsprämien, Kinderbetreuungskosten, Einarbeitungszuschuss.

Die Erwerbsfähigkeit ist oft auch von einer **stabilen persönlichen und familiären Situation** abhängig. Deshalb unterstützt das Jobcenter bei der Organisation von Kinderbetreuung oder Angehörigenpflege. Es finanziert **Schuldnerberatung** und **Suchtberatung,** wenn dadurch die Eingliederung ins Erwerbsleben gefördert werden kann.

Es gibt darüber hinaus zahlreiche Leistungen, die speziell für Leistungsberechtigte des Bürgergeldes entwickelt wurden:

- **Einstiegsgeld** zur Aufnahme einer abhängigen oder selbständigen Beschäftigung für bis zu 24 Monate in Höhe von 251,00 € bis 502,00 € je nach der persönlichen Situation im Einzelfall
- **Zuschuss für Selbständige** von bis zu 5.000,00 € und spezielle Beratung für Selbständige (zum Beispiel Gründungsberatung)
- **Arbeitsgelegenheiten** mit Aufwandsentschädigung („1-Euro-Jobs“)
- **Arbeitgeberzuschüsse** bei Einstellung von Langzeitarbeitslosen für mindestens zwei Jahre
- **Freie Förderung** zur Entwicklung neuer Ideen und Methoden der Arbeitsförderung
- Besondere Betreuungs- und Unterstützungsleistungen für **schwer zu erreichende Jugendliche**
- Besondere Förderung von Arbeitgebern zur Einstellung von Personen, die in den letzten sieben Jahren **mindestens sechs Jahre Bürgergeld** (beziehungsweise Arbeitslosengeld 2) erhalten haben **(sozialer Arbeitsmarkt)**
- **Bürgergeldbonus** von 75,00 € monatlich bei Teilnahme an bestimmten Maßnahmen der Weiterbildung, der Berufsvorbereitung und für schwer zu erreichende Jugendliche
- **Ganzheitliche Betreuung** (Coaching) zum Aufbau der Beschäftigungsfähigkeit.

Die Förderungen werden in der Regel auch dann fortgesetzt, wenn im Verlauf einer Maßnahme die Hilfebedürftigkeit entfällt. Voraussetzung ist, dass dies wirtschaftlich sinnvoll ist und der Leistungsberechtigte die Maßnahme voraussichtlich erfolgreich abschließen wird. Ein typisches Beispiel ist die Fortführung der Schuldnerberatung.

7 Wie läuft das Verfahren beim Jobcenter?

Bürgergeld muss beim Jobcenter beantragt werden. Hilfe für die Vergangenheit gibt es grundsätzlich nicht. In besonderen Fällen kann das Bürgergeld gekürzt oder nur als Darlehen ausgezahlt werden. Sowohl für das Jobcenter als auch für die Leistungsberechtigten gibt es Spielregeln, über deren Einhaltung die Sozialgerichte wachen.

Wie läuft das Antragsverfahren?

Welche Mitwirkungspflichten gibt es?

Wann und wie wird das Bürgergeld gekürzt?

Wann und wie muss Bürgergeld zurückgezahlt werden?

Müssen Entscheidungen des Jobcenters einfach hingenommen weden?

Wo gibt es weitere Informationen und Unterstützungen?

1. Wie läuft das Antragsverfahren?

Rechtsgrundlage: §§ 36 – 42 SGB 2

Bürgergeld gibt es **nur auf Antrag.** Der Antrag wirkt ab dem 1. des Monats, in dem er gestellt wird. Das heißt, dass auch bei Antragstellung erst am Ende des Monats das bereits am Anfang des Monats empfangene Einkommen angerechnet wird.

Für die weitere **Vergangenheit** gibt es keine **Leistungen.** Eine Ausnahme gilt für Heizkostennachzahlungen bis Ende 2023. Sie können noch drei Monate nach der Abrechnung beim Jobcenter geltend gemacht werden.

Der Antrag ist **beim Jobcenter** zu stellen, in dessen Gebiet die leistungsberechtigte erwerbsfähige Person ihren gewöhnlichen Aufenthalt hat. Das ist der aktuelle Wohnort. Asylberechtigte und Flüchtlinge können nach dem Aufenthaltsgesetz verpflichtet sein, einen bestimmten Wohnort aufzusuchen. Dann ist das dortige Jobcenter zuständig. Sollte der Antrag beim falschen Jobcenter gestellt werden, ist das nicht schlimm. Es muss den Antrag dann an das richtige Jobcenter weiterleiten.

 **TIPP**

Sie finden das für Sie zuständige Jobcenter im Internet unter www.arbeitsagentur.de/arbeitslos-arbeit-finden/buergergeld. Dort gibt es auch weitere Informationen und Hinweise für die Antragstellung. Sie können dort online Ihren Antrag stellen oder auch ein PDF-Dokument ausdrucken und zum Jobcenter schicken oder dorthin bringen.

Es reicht, wenn **eine erwerbsfähige Person** den Antrag stellt. Wenn nichts anderes geäußert wird, gilt sie als Vertretung für die gesamte Bedarfsgemeinschaft.

Das Jobcenter prüft die einzelnen Bedarfe und stellt das einzusetzende Einkommen und Vermögen fest und ermittelt so den Anspruch auf Bürgergeld. Vor allem bei selbständig Berufstätigen kommt es häufig vor, dass die Berechnung längere Zeit in Anspruch nimmt. Dann trifft das Jobcenter eine **vorläufige Entscheidung.** Sie muss den monatlichen Bedarf der Leistungsberechtigten decken. Nach Ablauf des Bewilligungszeitraumes – in der Regel sechs Monate – soll eine abschließende Entscheidung erfolgen. Das Ergebnis ist mit den vorläufig erbrachten Leistungen zu verrechnen.

Werden Leistungen bewilligt, erfolgt die Auszahlung jeweils zum Monatsanfang. Für jede Person in der Bedarfsgemeinschaft kann ein **Vorschuss** von 100,00 € beantragt werden. Der Anspruch auf Bürgergeld ist **unpfändbar.** Auf dem **Bankkonto** kann das Bürgergeld wie Arbeitseinkommen gepfändet werden. Es müssen aber die **Pfändungsfreigrenzen** beachtet werden.

Eine Bewilligung erfolgt normalerweise für ein Jahr. Wenn das Jobcenter die Unterkunftskosten für unangemessen hält und eine Absenkung einfordert oder es die Leistung zunächst nur vorläufig berechnet hat, erfolgt die Bewilligung nur für ein halbes Jahr.

⚠ **ACHTUNG**

Wenn Sie danach weiterhin Bürgergeld benötigen, müssen Sie einen Folgeantrag stellen.

2. Welche Mitwirkungspflichten gibt es?

Rechtsgrundlage: §§ 5, 12a, 56 SGB 2, § 60 SGB 1

Zu den Mitwirkungspflichten gehört vor allem, sich möglichst unabhängig von Bürgergeld zu machen. Dazu gehört insbesondere, andere **vorrangige Sozialleistungen** in Anspruch zu nehmen wie Wohngeld, Krankengeld oder Unterhaltsvorschuss. Kommen Leistungsberechtigte dieser Verpflichtung nicht nach, kann das Jobcenter andere Sozialleistungen beantragen.

Wer Bürgergeld bekommen möchte, muss die erforderlichen **Auskünfte** geben und **Unterlagen** vorlegen, zum Beispiel zu Einkommen, Vermögen, Mietkosten. Dazu gehört auch die Vorlage von Kontoauszügen. Wenn es um die gesundheitliche Eignung für bestimmte Tätigkeiten geht, kann es auch erforderlich sein, sich einer **ärztlichen Untersuchung** zu unterziehen. Wer diesen Mitwirkungspflichten nicht nachkommt, erhält keine Leistungen. Sobald die Mitwirkungspflicht erfüllt ist, besteht der Anspruch auf Bürgergeld.

⚠ ACHTUNG

Wenn Sie eine vom Jobcenter geforderte Bescheinigung nicht vom Arzt oder vom früheren Arbeitgeber bekommen, dürfen Sie dafür nicht „bestraft" werden. Das Jobcenter muss dann selbst die Unterlagen einfordern.

Zu den Mitwirkungspflichten gehört auch, dem Jobcenter Veränderungen sofort mitzuteilen, zum Beispiel eine Heizkostenrückzahlung, eine Gehaltserhöhung, den Auszug einer Person aus dem Haushalt. Das Jobcenter muss in der Lage sein, den Anspruch auf Bürgergeld aktuell neu zu berechnen. Verspätete Mitteilungen führen zu Rückforderungen.

3. Wann und wie wird das Bürgergeld gekürzt?

Rechtsgrundlage: §§ 15, 31 bis 33 SGB 2

Pflichtverletzungen führen zu einer Kürzung des Bürgergeldes.

Eine Pflichtverletzung ist,

- eine Absprache aus einem Kooperationsplan nicht einzuhalten – auf die Kürzungsfolgen muss das Jobcenter ausdrücklich hinweisen
- eine zumutbare Arbeit, Ausbildung oder eine Eingliederung für Langzeitarbeitslose nicht aufzunehmen, fortzuführen oder durch ein Verhalten (zum Beispiel ablehnendes Verhalten im Vorstellungsgespräch) zu verhindern
- eine zumutbare Maßnahme zur Eingliederung in Arbeit nicht anzutreten, abzubrechen oder einen Anlass für den Abbruch zu geben

ohne hierfür einen wichtigen Grund zu haben – zum Beispiel Bezahlung unter Mindestlohn, Erkrankung, Aufenthalt in einem Frauenhaus

- nach Vollendung des 18. Lebensjahres Einkommen oder Vermögen in der Absicht zu vermindern, (höheres) Bürgergeld zu erhalten – wichtig ist die Absicht. Sie liegt nicht vor bei Spielsucht oder schlichtem Verlust der Geldbörse
- trotz Belehrung über die zu erwartende Kürzung oder in Kenntnis der zu erwartenden Kürzung ein unwirtschaftliches Verhalten fortzusetzen – zum Beispiel sein Geld zu verschleudern
- eine Sperrzeit über das Arbeitslosengeld 1 herbeizuführen
- eine versicherungspflichtige Beschäftigung ohne wichtigen Grund aufzugeben.

Das Bürgergeld wird bei einer Pflichtverletzung um **10 % des Regelbedarfs für einen Monat** der Person gekürzt, die die Pflichtverletzung begangen hat. Andere Personen der Bedarfsgemeinschaft dürfen also nicht „bestraft" werden.

Bei einer **weiteren Pflichtverletzung** wird der Regelbedarf um **20 % für zwei Monate** gekürzt.

Bei **jeder weiteren Pflichtverletzung** findet eine Kürzung um **30 % für drei Monate** statt.

Eine weitere Pflichtverletzung liegt dann vor, wenn seit Beginn der letzten Kürzung nicht mehr als ein Jahr vergangen ist.

Die Kürzung darf in einem Monat **nicht höher** als **30 % des Regelbedarfs** sein. Die Kosten der Unterkunft dürfen von der Kürzung nicht betroffen sein.

 **BEISPIEL**

Der alleinstehende Herr Krause weigert sich am 10. Feb. 2023 ohne wichtigen Grund, eine zumutbare Arbeit anzunehmen. Sein Bürgergeld wird ab 1. März 2023 für einen Monat um 50,20 € (10 % von 502,00 €) gekürzt.

Am 7. Juni 2023 weigert er sich erneut ohne wichtigen Grund, eine zumutbare Arbeit anzunehmen. Sein Bürgergeld wird ab 1. Juli 2023 für zwei Monate um jeweils 104,00 € (20 % von 502,00 €) gekürzt.

Am 10. März 2024 weigert er sich wiederum ohne wichtigen Grund, eine zumutbare Arbeit anzunehmen. Sein Bürgergeld wird ab 1. April 2024 für zwei Monate um jeweils 104,00 € (20 % von 502,00 €) gekürzt. Diese „dritte" Pflichtverletzung gilt nur als „zweite", weil der am 1. März 2023 begonnene Kürzungszeitraum nicht mehr zählt. Er hat vor mehr als einem Jahr begonnen.

Kürzungen sind **vorzeitig** zu beenden, wenn die betreffende Person ihre Pflichten erfüllt oder zumindest ernsthaft erklärt, sie künftig zu erfüllen.

Auch sogenannte **Meldeversäumnisse** führen zu Kürzungen. Diese liegen vor, wenn die Aufforderung des Jobcenters ohne wichtigen Grund (zum Beispiel Krankheit) nicht befolgt wird, das Jobcenter aufzusuchen oder einen ärztlichen oder psychologischen Untersuchungstermin wahrzunehmen. Die Minderung beträgt **10 % des maßgebenden Regelbedarfs für einen Monat.**

 **TIPP**

Personen, denen eine Kürzung des Regelbedarfs droht, können verlangen, dass sie persönlich zu den Gründen angehört werden. Dadurch kann gegebenenfalls eine Kürzung abgewendet werden.

4. Wann und wie muss Bürgergeld zurückgezahlt werden?

Rechtsgrundlage: §§ 22, 24, 27, 33 – 34b, 42a, 43 SGB 2, 50 SGB 10

Bürgergeld muss grundsätzlich nicht zurückgezahlt werden. Auch die früher einmal bestehende Verpflichtung der Erben, Arbeitslosengeld 2 zurückzuzahlen, gibt es nicht mehr.

Es gibt aber einige Fälle der Rückzahlungspflicht:

- Bürgergeld als Darlehen
- Das Jobcenter musste zahlen, weil andere (zum Beispiel Unterhaltspflichtige) nicht gezahlt haben.
- Sozialwidriges oder rechtswidriges Verhalten
- Doppelleistungen

Darlehen

Bürgergeld wird in besonderen Fällen als **Darlehen** gewährt. Dann muss es zurückgezahlt werden:

- Reparaturkosten an einem Eigenheim oder einer Eigentumswohnung, soweit sie mehr als die Jahresmiete einer vergleichbaren angemessenen Immobilie betragen
- Mietkautionen und Genossenschaftsdarlehen
- Übernahme von Miet- und Energieschulden durch das Jobcenter
- Darlehen für Anschaffungen, die aus dem Regelbedarf zu finanzieren sind
- Überbrückungshilfen, wenn Einnahmen erst zum Monatsende zu erwarten sind
- Überbrückungshilfen, wenn zu berücksichtigendes Vermögen nicht zeitnah verwertet werden kann
- Leistungen für Auszubildende und Studierende in Härtefällen

Darlehen werden nur gewährt, wenn auch kein Schonvermögen vorhanden ist. Die Rückzahlung erfolgt mit 5 % des maßgeblichen Regelbedarfs. Auch wenn mehrere Darlehen laufen, werden nur 5 % einbehalten.

Endet der Bezug von Bürgergeld, bevor ein Darlehen vollständig getilgt ist, wird der Restbetrag sofort fällig. Das Jobcenter soll aber eine sozialverträgliche

Ratenvereinbarung abschließen. Restdarlehen für Mietkautionen werden fällig, sobald die Kaution vom Vermieter zurückgezahlt wurde. Restdarlehen an Auszubildende werden erst nach Abschluss der Ausbildung fällig.

Erstattung durch Dritte

Wenn jemand Bürgergeld benötigt hat, weil **ein anderer seine Zahlungsverpflichtungen nicht erfüllt** hat, muss dieser andere dem Jobcenter die Ausgaben für das Bürgergeld erstatten. Das können Unterhaltspflichtige sein, aber auch frühere Arbeitgeber, gegen die noch Gehaltsansprüche bestehen.

Sozialwidriges, rechtswidriges Verhalten, Doppelleistungen

Wer nach Vollendung des 18. Lebensjahres vorsätzlich oder grob fahrlässig durch **sozialwidriges Verhalten** die Leistung von Bürgergeld an sich oder die Bedarfsgemeinschaft herbeigeführt hat, kann zur Erstattung der so herbei geführten Kosten verpflichtet sein. Solches Verhalten kann sein Aufgabe des Arbeitsplatzes, Verlust des Arbeitsplatzes eines Berufskraftfahrers wegen einer Trunkenheitsfahrt, Verschleuderung von Geld, häusliche Gewalt, die den Einzug in ein Frauenhaus zur Folge hat.

 **TIPP**

Die Bewertungen durch die Gerichte sind zum Teil recht kompliziert. Es empfiehlt sich, beim Vorwurf sozialwidrigen Verhaltens den Rat eines auf Bürgergeld spezialisierten Anwalts beziehungsweise einer Anwältin einzuholen.

Dieser Ersatzanspruch erlischt drei Jahre nach Ablauf des Jahres, für das die Leistungen erbracht wurden. Regelungen zur Hemmung von Fristen und Verlängerung der Verjährung können aber zu einer deutlich längeren Frist führen.

Wer durch vorsätzliches oder grob fahrlässiges Verhalten dafür gesorgt hat, dass er und/oder andere Personen Leistungen des Bürgergeldes bekommen, die ihnen nicht zustanden, also **rechtswidrig** waren, muss diese **Leistungen erstatten.** Der Erstattungsanspruch des Jobcenters verjährt nach vier Jahren. Regelungen zur Hemmung von Fristen und Verlängerung der Verjährung können aber zu einer deutlich längeren Frist führen.

Beträge bis zu 50,00 € müssen nicht erstattet werden.

Auch **Doppelleistungen** sind zu erstatten. Solche können zum Beispiel dadurch entstehen, dass das Wohngeldamt Wohngeld ausgezahlt hat und das Jobcenter für die gleiche Zeit die vollen Unterkunftskosten erstattet hat, ohne das Wohngeld anzurechnen.

Das Jobcenter darf Rückzahlungsforderungen wegen sozialwidrigen Verhaltens, rechtswidriger Leistungen, Doppelleistungen und überhöhte vorläufige Leistungen gegen laufendes Bürgergeld **aufrechnen.** Je nach Grundlage findet eine Kürzung des maßgeblichen Regelbedarfs um 10 % oder 30 % statt. Jedenfalls dürfen es auch bei mehreren Gründen nicht mehr als 30 % sein. Auch zusammen mit einer Leistungsminderung wegen pflichtwidrigen Verhaltens dürfen 30 % Kürzung des Regelbedarfs nicht überschritten werden.

5. Müssen Entscheidungen des Jobcenters einfach hingenommen werden?

Rechtsgrundlage: SGB 10, Sozialgerichtsgesetz

Die Bewilligung oder Nichtbewilligung von Bürgergeld, die Aufhebung einer Bewilligung, die Rückforderung von Leistungen erfolgen durch Bescheid.

Gegen einen Bescheid kann **Widerspruch** eingelegt werden. Dieser muss innerhalb eines Monats nach Zugang des Bescheides beim Jobcenter eingehen.

TIPP

Das Datum des Bescheides ist nicht identisch mit dem Datum des Zugangs bei Ihnen. Notieren Sie sich das Datum des Zugangs, damit Sie wissen, wie lange die Frist läuft.

Der Widerspruch muss nicht sofort begründet werden. Man kann ihn erstmal einlegen, um die Frist zu wahren und dann nach einer Beratung die Begründung nachreichen.

⚠ ACHTUNG

Wenn ein Fehler in einem Folgebescheid wieder auftaucht, müssen Sie auch dagegen Widerspruch einlegen. Der neue Bescheid wird im laufenden Widerspruchsverfahren nicht automatisch überprüft.

In einer Bedarfsgemeinschaft wirkt sich ein Berechnungsfehler auf alle Mitglieder aus. Es muss dann für alle Widerspruch eingelegt werden. Dazu kann eine Person bevollmächtigt werden. Das sollte aber deutlich zum Ausdruck kommen.

Gegen den Widerspruchsbescheid kann innerhalb eines Monats nach Zugang **Klage zum Sozialgericht** erhoben werden. Gerichtskosten entstehen nicht. Ein Anwalt ist nicht erforderlich, aber hilfreich, wenn er mit Bürgergeld Erfahrung hat. Anwaltskosten werden vom Jobcenter nur erstattet, wenn die Klage erfolgreich war.

Eine Klage kann auch bei der Rechtsantragsstelle des Gerichts erhoben werden.

Für die Beiziehung eines Anwalts oder einer Anwältin kann beim Sozialgericht auch Prozesskostenhilfe beantragt werden. Diese wird aber nur bewilligt, wenn die Klage Aussicht auf Erfolg hat.

Grundsätzlich geht der Rechtsweg weiter zum Landessozialgericht (Berufung) und zum Bundessozialgericht (Revision). Da es hier aber Einschränkungen und Besonderheiten gibt, sollte dieser Weg nur mit anwaltlicher Begleitung beschritten werden.

6. Wo gibt es weitere Informationen und Unterstützungen?

Aktuelle **Gesetzestexte** finden Sie im Internet unter www.gesetze-im-internet.de oder auch als Beck-Texte im dtv: SGB II/SGB XII.

Sehr informativ, aber nicht immer leicht zu verstehen, sind die **internen Arbeitsanweisungen** der Arbeitsverwaltung zum Bürgergeld im Internet unter www.arbeitsagentur.de/ueber-uns/veroeffentlichungen/gesetze-und-weisungen/sgbii-grundsicherung.de.

Zu der oft sehr wichtigen Frage, welche **Unterkunftskosten** als angemessen gelten können, hat der Verein Tacheles eine Datenbank im Internet aufgebaut: www.harald-thome.de/informationen/bundesweite-dienstanweisungen-kdu.html.

Die Jobcenter sind verpflichtet, in Angelegenheiten des Bürgergeldes zu **beraten.** In vielen Orten gibt es auch Beratungsstellen freier Träger. Adressen gibt es bei den Spitzenverbänden der Freien Wohlfahrtspflege

- Der Paritätische www.paritaet.org
- Arbeiterwohlfahrt www.awo.org
- Caritasverband www.caritas.de
- Diakonie www.diakonie.de
- Rotes Kreuz www.drk.de

Der Verein Tacheles hat eine Datenbank mit Beratungsstellen und Anwält*innen aufgebaut: www.my-sozialberatung.de.

Informationen und Beratungsstellen speziell für Flüchtlinge, Asylsuchende und andere Ausländer*innen finden sich im Internet bei

- www.ggua.de
- www.bamf-navi.bamf.de/de/Themen/Migrationsberatung/

Stichwortverzeichnis